Berta Thacker

Es geht schließlich um mein Leben!

Brustkrebs – Geschichte einer Selbstheilung

MyStory Verlag

Bibliografische Information der Deutschen Bibliothek:
Die Deutsche Bibliothek verzeichnet diese Publikation in der
Deutschen Nationalbibliografie; detaillierte bibliografische Daten
sind im Internet über http://dnb.ddb.de abrufbar.

© Berta Thacker, Berlin
Herstellung: Books on Demand GmbH, Norderstedt
Umschlaggestaltung: Nicolas Gruszka
Fotos: Carsten Eckelmann, aufgenommen im Kuringai National Park, Sydney, Australien

Lektorat und Satz: Chris Kurbjuhn, MyStory Verlag
Redaktionelle Mitarbeit: Nadja Wierzcholski

Alle Rechte vorbehalten. Kein Teil der in diesem Buch enthaltenen Werke darf in irgendeiner Form (durch Fotografie, Mikrofilm oder ein anderes Verfahren) ohne schriftliche Genehmigung des Verlages reproduziert oder unter Verwendung elektronischer Systeme verarbeitet, vervielfältigt oder verbreitet werden.

ISBN 3-938399-07-4

http://www.mystory-verlag.de

Inhalt

Konfrontation mit dem Ungeheuerlichen

Mit dem Schock beginnt die Heilung 9
Information ist alles 20
Heilen ist einfach 26
Mein Freund, der Krebs 32
Erster Traum 40
Keine Kompromisse mehr 43
Glaube – Hoffnung – Liebe 46
Bücher, Bücher, Bücher... 55

Reinigung – Alles Alte muss raus

Blutpickel und andere Erscheinungen 61
Es geht um Leben und Tod 65
Spurensuche 72
Die Wende 77
Zweiter Traum – Nux vomica (1) 79
Heilen als Ganztagsbeschäftigung 82
Tag X 85
Die Entscheidung ist gefallen 93
Dritter Traum – Nux vomica (2) 95
Die Suche geht weiter 97
Katz- und Maus-Spiel 103
Die Auferstehung 107

Die Verwandlung 112
Die Schatten der Vergangenheit 114
Zurück in der Gegenwart 118
Australische Methoden 123

Neue Wege gehen

Vierter Traum 127
Gespräche mit dem Krebs 129
Neue Erkenntnisse 134
Abschied 142
Sydney, Australien 143
Fünfter Traum 146
Wohnungssuche 148
Neue Bücher 153
Abrechnung mit dem Gesundheitssystem 155
Die Freundin 159
Mein schönes neues Leben 161
Der Rückfall 175
Sechster Traum 182
Traditionelle Chinesische Medizin (TCM) ... 186
Abschluss und Ausblick 193

Anhang 200

Konfrontation mit dem Ungeheuerlichen

Mit dem Schock beginnt die Heilung

Am 09.03.2004 ging ich wegen Nackenverspannungen und einem Knoten in der Brust zur Hausärztin. Den Knoten hatte ich schon zu Weihnachten gespürt, mir aber keine großen Sorgen gemacht. Ich wusste ja nichts über Krebs. Es gab nur so eine dunkle Ahnung, dass das nicht gut war, was ich da gespürt hatte. Natürlich hatte ich schon von Brustkrebs gehört, kannte aber persönlich keine Frau, die daran erkrankt war. Und was ich nicht weiß, macht mich auch nicht heiß, also verdrängte ich diesen Knoten erst mal. Meine Brust wurde größer und größer, was ich auch nicht weiter schlimm fand, ich wollte schon immer einen größeren Busen haben. Ich dachte nur einmal kurz darüber nach, dass ich in den Osterferien zum Arzt gehen würde, um den Knoten entfernen zu lassen und dann weiter zu arbeiten. Zwei Wochen mussten reichen, denn krank werden durfte ich nicht, das würde mich den Job kosten. Soviel hatte man mir bei der Einstellung als Putzfrau vor vier Jahren klargemacht. Meine Arbeit ist unentbehrlich. Ich bin die zweitwichtigste Person in der Firma nach der Sekretärin. Wenn der Chef wochenlang nicht da ist, stört das keinen. Im Gegenteil, alle atmen auf, aber wenn die Putzfrau auch nur einen Tag nicht kommt, ist die Hölle los. Dann weiß keiner mehr, wie man einen Papierkorb ausleert, einen Tisch abwischt, geschweige denn, wie man eine Toilette putzt.

Doch jetzt konnte ich meinen Kopf nicht mehr nach links bewegen, und den linken Arm konnte ich nur noch mit Mühe heben. In diesem Zustand konnte ich beim besten Willen nicht mehr arbeiten. Einen Zusammenhang mit dem Knoten in der Brust sah ich in diesem Moment nicht oder wollte ihn nicht sehen. Die Ärztin verschrieb mir Krankengymnastik für die Wirbelsäule und widmete sich dann der Brust. Ich müsste ganz schnell zum Radiologen, meinte sie und gab mir auch gleich eine Adresse von einem der „gut und schnell" ist.

Dann kam der Schock. Der Radiologe war entsetzt, dass ich erst jetzt zum Arzt ging, obwohl ich den Knoten schon vor zwei Monaten entdeckt hatte. Mit eindringlicher Stimme sagte er, dass der Knoten weiter untersucht werden müsse. Eine Biopsie müsse gemacht werden, von Spezialisten in einer Klinik meiner Wahl. Er spielte den locker-lässigen, aber kundigen Fachmann. Außerdem stützte er sich während der Ultraschall-Untersuchung auf meiner Hüfte ab. „Wer braucht hier Hilfe?", dachte ich. Er bemängelte, dass ich nicht regelmäßig zur Vorsorgeuntersuchung gegangen sei. Seine Stimme geriet in immer höhere Tonlagen und er bewegte sich aufgeregt hin und her, das gab mir ein Gefühl von Schuld. Genau diese Fragen hatte ich befürchtet. Ich gehe nun mal nicht gerne zum Arzt – wie so viele Frauen. Ich war seit Anfang der 80er Jahre nur ein einziges Mal dort. Ich habe nie eingesehen, warum ich zum Arzt gehen sollte, wenn mir nichts fehlt. Ich musste einen schlechten Eindruck auf den Radiologen gemacht haben. Eine, die sich nicht um ihre Gesundheit kümmert und erst zum Arzt geht, wenn es zu spät ist. Eins zu Null für den Herrn Doktor.

Ich gehe tatsächlich nur im allergrößten Notfall zum Arzt. Dieser Notfall war nun eingetreten. Was mich aber bei der Befragung durch den Radiologen hellhörig gemacht und äußerst positiv gestimmt hatte, war, dass ich seine Fragen nach Risikofaktoren alle mit nein beantworten konnte.

Es stand Eins zu Eins.

In meiner Familie hatte niemand Brustkrebs, weder meine Mutter noch meine Oma, noch eine meiner vier Schwestern oder eine meiner drei Stiefschwestern. Ich habe zwei Kinder geboren und diese auch gestillt, und zwar vor dem 28. Lebensjahr. Ich hatte kein Übergewicht, ich rauchte nicht, was wollte er eigentlich von mir? Mein einziger Risikofaktor war mein Alter, ich war über 50. Mir schien er zu dramatisieren, wo gar kein Drama war.

Nach einer halben Stunde Wartezeit hatte er den Befund geschrieben und bat mich inständig, damit sofort zu meiner Hausärztin zu gehen. Das widerstrebte mir zuerst, denn es war schon 14.00 Uhr und ich hatte Hunger. Widerwillig fuhr ich in die Praxis meiner Hausärztin zurück, es war aber schon abgeschlossen. Das war mein Glück. Jetzt hatte ich ein paar Stunden Bedenkzeit. Schon während der Fahrt mit der U-Bahn öffnete ich den mit Tesa fest verschlossenen Umschlag und las den Bericht. Es bestand der „hochgradige Verdacht auf ein malignes Karzinom in der linken Brust, Größe ca. 4 cm". Zu Hause angekommen, setzte ich mich sofort an den PC und ließ die Suchmaschine im Internet nach allen möglichen Links zum Thema suchen. Ich hatte wirklich keine Ahnung, was Krebs eigentlich ist. Ich wußte nur, dass es eine Zivilisationskrankheit ist und tödlich sein kann. Aber wer denkt schon, dass es einen selber auch treffen könnte? Wer beschäftigt sich schon gerne mit todbringenden Krankheiten?

Erst einmal wollte ich wissen, was eine Biopsie und was ein malignes Karzinom ist. Worum ging es hier eigentlich? Die beiden Begriffe schlug ich im Wörterbuch nach. Eine Biopsie ist eine Gewebeentnahme mit Hilfe einer Hohlnadel am lebenden Organismus. Dieses Gewebe wird dann untersucht und danach wird die Entscheidung getroffen, ob das untersuchte Gewebe gutartig oder bösartig ist.

Nun nahm ich den Begriff „malignes Karzinom" auseinander. Karzinom ist griechisch, und es bedeutet das, was man im Deutschen als Krebs bezeichnet,

also eine bösartige Geschwulst. Das hörte sich weniger gut an. Und dann noch das Wort „maligne", was mochte das bedeuten? Es bedeutet auch bösartig, gefährlich, aber auf lateinisch. Also zweimal bösartig, ich musste fast lachen. So etwas doppelt bösartiges sollte ich in meiner Brust haben? Was hatte das zu bedeuten? Nun wusste ich von der Mathematik, dass Minus und Minus in manchen Fällen Plus ergibt, also etwas Positives. Damit hatte der Radiologe ein Eigentor geschossen, nun stand es 2:1 für mich.
Die offiziellen Seiten zum Thema Krebs z. B. Deutsche Krebshilfe e.V. u. a. waren mir bald langweilig. Die Statistiken wurden immer wiederholt, geradezu herunter gebetet, mal waren es 40.000 Neuerkrankungen pro Jahr, mal 50.000. Die Behandlung blieb immer dieselbe. Operieren, Bestrahlung und Chemotherapie. Von Spezialisten war die Rede, die in neu eingerichteten Zentren dem Brustkrebs zu Leibe rücken, ihn zwar auch nicht heilen können, meistens jedenfalls nicht, aber hervorragende Kenntnisse im Aufbau von künstlichen Brüsten vorweisen können. Ich wurde wütend. Nun war ich es, die aufstand und aufgeregt hin und her rannte. Das kann es nicht sein, dachte ich. Was soll ich mit einer künstlichen Brust? Ich dachte, hier geht es um Heilung einer doppelt bösen Krankheit.
Schon allein das Wort „Spezialisten" holte ablehnende Gefühle aus meinem Unterbewusstsein hoch. Spe-

zialist für was? Der größte Spezialist für mich bin ich immer noch selbst. Ein anderes Wort für Spezialist ist Fachidiot. Die gucken doch nicht links und rechts, sie sehen nur das, was sie sehen wollen. Ich verdrängte mein Hungergefühl und suchte weiter bis zur totalen Ermüdung. Langsam kam ich der Sache näher. In Foren und alternativen Seiten fand ich Berichte von Betroffenen. Hier ging es anders zur Sache. Beschwerden der Frauen über unzureichende Aufklärung vor der OP, jahrelange Einnahme von schweren Medikamenten, die zu Haarausfall, Depressionen, und anderen höchst schwerwiegenden Nebenwirkungen führten. Und vor allem die Bestrahlung tauchte immer wieder auf. Hautveränderungen, Erbrechen, Übelkeit, Abmagerung, ja sogar Herzkrankheiten und neue Tumore waren die Folge dieser Maßnahme, bei der die Brust von innen oder außen mit radioaktiven Strahlen bombardiert wird. Was ich da las, trieb mir die Galle hoch. Das sollte medizinischer Fortschritt sein? Ich war gewarnt. Wie konnte man jemand bestrahlen, der schon Krebs hat, dachte ich in meiner Einfalt, das weiß doch jedes Baby, dass radioaktive Strahlen Krebs *verursachen*. So etwas wie diese Frauen, die sich hier ihren Kummer von der Seele redeten, wollte ich auf keinen Fall erleben.

Am nächsten Morgen rief ich in meiner Hausarztpraxis an und fragte die Sprechstundenhilfe, ob ich die Röntgenbilder zur Besprechung mitbringen soll-

te. Sie meinte, das sei eigentlich nicht nötig, die Frau Doktor hätte schon mit dem Radiologen telefoniert. „Was für Heimlichkeiten hinter meinem Rücken!", dachte ich und nahm die Bilder trotzdem mit. Nun wussten auch sämtliche Sprechstundenhelferinnen, was los war, nur ich wusste es offiziell noch nicht. Die Ärztin schaute sich die Bilder an, und was dann geschah, muss ich minutiös wiedergeben, denn von da an änderte sich alles.
Sie setzte sich also wieder auf ihren Stuhl mir gegenüber, blickte ganz langsam über den Rand ihrer Lesebrille von ihren Unterlagen hoch, und sagte mit noch halb gesenktem Kopf, dass sie mich ganz schnell in eine Klinik einweisen müsse, denn es sähe nicht gut aus. Sie brabbelte weiter, bis ich „Stopp, Stopp, Stopp!" rief, drei- oder viermal sagte ich „Stopp!" und machte eine entsprechende Handbewegung vor ihrem Gesicht. Da war sie erstmal ruhig.
„Sagen Sie mir doch mal, wie es nach der OP weitergeht, damit ist die Sache doch nicht zu Ende, dann fangen die Probleme doch erst an!" schrie ich sie beinahe an. Das war sie nicht gewohnt, und deshalb verstummte sie erst mal ganz. Wenn mir monatelange oder sogar jahrelange Arbeitsunfähigkeit drohte, dann durfte ich das doch wohl wissen, oder nicht? Nach einer Denkpause erzählte sie mir ganz ruhig, dass es besser wäre, wenn ich mich schnell in die Hände von Experten begäbe, denn die wüssten am meisten. Sie

könne mir leider auch nicht helfen. Das einzige, was sie noch für mich tun könne, wäre, mich an meine Frauenärztin überweisen, die mich besser aufklären könne. Damit die Sache auch wirklich schnell genug ging, rief sie persönlich bei der Frauenärztin an und machte einen Termin für mich.

Das kam mir sehr gelegen, damit konnte ich Zeit gewinnen, denn ich wollte mich noch weiter informieren, das ging mir alles viel zu schnell. Zum Schluss sagte ich ihr noch, dass ich mich im Internet informieren werde. „Nein, nicht im Internet", sagte sie, „da wird man krank, was da alles drinsteht..." Das war lustig. Ich war doch schon krank, sogar so krank, dass sie mich sofort einweisen wollte. Irgendwas stimmte hier nicht. Warum musste alles so schnell gehen? Ich hatte doch so viele Fragen. Eines war mir klar, ich würde keine Einwilligung zu einer Operation unterschreiben, solange meine Fragen nicht beantwortet waren. Wenn ich schon sterben sollte, ob nun mit oder ohne OP, dann wenigstens in einem aufgeklärten Zustand, mit der Gewissheit, dass es nicht anders ging, dass es mein natürliches Ende ist. Ich lasse doch nicht von irgendwelchem Krankenhauspersonal das Ende meines Lebens bestimmen, da kann alles Mögliche mit einem gemacht werden, wenn man erst mal unter der Narkose liegt. Soviel wusste ich als Hobbyphilosophin: Das Ende des menschlichen Lebens ist schon bei der Geburt festgelegt. Da sollte mir keiner dreinpfuschen.

Was mir absolut keine Ruhe ließ, war die Frage, wieso man mich so schnell operieren wollte, ohne mir sagen zu können, ob es überhaupt bösartig war. Das begriff ich nicht. Nicht dass ich schon jemals Ärzten vertraut hätte, aber das hier schien mir direkt skandalös. So dumm konnten sie doch nicht sein. Die deutsche Krebshilfe sammelt doch seit 50 Jahren Spenden von uns Bürgern. Was wird mit dem Geld gemacht, wer forscht wonach und wo sind die Ergebnisse? Außerdem: Die Statistik sagt, dass 80% aller Geschwüre in der Brust gutartig sind. Diese Statistiken sind wohlgemerkt von Ärzten aufgestellt. Ich persönlich traue auch diesen Statistiken nicht, denn sie vermitteln nur den Anschein der Wahrheit. Es kann so oder ganz anders sein, das wusste ich noch von meinem abgebrochenen Soziologiestudium.

Während ich auf den Anruf zur Bestätigung des Termins im Wartezimmer wartete, bemerkte ich, wie ich immer unruhiger wurde. Alle anderen Patienten waren schon gegangen. Ich ging hin und her, wie ein Tiger im Käfig. Ich hätte schreien wollen, oder gegen die Türen treten oder Ähnliches. Ich machte das Fenster der im 1. Stock gelegenen Praxis auf und schaute in den Hof hinunter. Ich bekam ein Gefühl von Eingesperrtsein. Mir reichte es. Mit schnellen Schritten ging ich zu den Sprechstundenhelferinnen, die an der Theke miteinander tuschelten, und sagte: „Wenn die Frauenärztin keine Zeit für mich hat, suche ich mir eine andere." Nach weiteren qualvollen Minuten kam der Anruf mit der Bestätigung eines Untersuchungstermins.

Von da an war ich auf dem Weg des inneren und, wenn es sein muss, auch äußeren Widerstandes. Nach diesen endlos bangen Minuten des Wartens hatte ich mich entschieden, die selbstgewählte innere Emigration zu verlassen, in der ich mich zweifellos in den letzten Jahren und Jahrzehnten befunden hatte. Ich war bereit, alles zu tun, um nicht in eine Maschinerie hineinzugeraten, ohne zu wissen, ob ich lebendig wieder herauskomme. Der Slogan „Operation gelungen, Patient tot" schallte mir ständig durch den Kopf. Ich wollte das Recht auf Selbstbestimmung, so lange es ging, behalten, oder es sogar zum ersten Mal in meinem Leben voll und ganz nutzen. Vielleicht war es sogar meine letzte Chance, endlich einmal ich selbst zu sein.

Und ich wollte weiter im Internet forschen und mir meine eigene Meinung bilden. Sicherlich hatte die Hausärztin es nur gut gemeint, als sie mich vor der unübersehbaren Fülle an Informationen warnte. Es wäre mir auch lieber gewesen, ich hätte kompetente Informationen aus einer vertrauenswürdigen Quelle direkt bekommen, als mich in meinem Zustand mit letzter Kraft stundenlang vor den PC zu setzen und recherchieren zu müssen. Und was das Internet als solches betrifft, kann ich nur sagen, das Böse ist nicht im Internet, das Böse ist im Menschen. Ich finde, es ist eine Plattform, wo endlich mal alle Menschen gleich sind. Man muss nur seinen gesunden Menschenverstand benutzen, wissen, was man will, und auch zur rechten Zeit wieder mit Surfen aufhören.

Dankbar bin ich der Ärztin jedenfalls dafür, dass sie sich und mir eingestanden hat, so gut wie nichts über Krebs zu wissen, dazu sind ja nicht viele Ärzte bereit.

Information ist alles

Zuhause angekommen stöberte ich das Bücherregal durch. Irgendwo musste das Buch von Maria Treben sein, das ich schon seit 20 Jahren besitze. Obwohl von Seiten der Schulmedizin heftig abgelehnt und umstritten, ist Frau Treben für mich eine Heilige. In ihrem Buch „Gesundheit aus der Apotheke Gottes" gibt sie ihre Erfahrungen und Ratschläge mit Heilkräutern weiter. Konnte man nicht mit den Kräutern aus der „Apotheke Gottes", also der Natur, jede noch so schlimme Krankheit heilen? Und tatsächlich, da stand es schwarz auf weiß: „Zinnkraut löst jeden gutartigen und bösartigen Tumor auf." Und das Labkraut hat dieselben Fähigkeiten. Zur Unterstützung von Leber und Nieren und zur Reinigung des Darmes brauchte ich noch Ringelblume, Scharfgarbe und Brennnessel. Wenn Heilen so einfach ist, dann mach ich das doch, sagte ich mir und rannte sofort ins Kräuterhaus, kaufte die Kräuter und bereitete mir gleich nach den Angaben im Buch einen Teeaufguß. Ich sollte 3-4 Liter täglich davon trinken. Das schien mir zuerst unmöglich, aber ich wollte es versuchen. Dabei wurde mir klar, wie wenig ich normalerweise trinke. Normal war für mich in den letzten dreißig Jahren hauptsächlich Kaffee zu trinken. Ohne Kaffee hätte ich keinen Beruf lernen können, meine Kinder nicht erziehen können, nicht studieren können. Es ist bei mir wirklich eine Sucht. Zuerst fing es ganz harmlos an, nur eine Tasse pro Tag. Dann aber lud mich meine Nachbarin eines Nachmittags ein, mit ihr Kaffee zu trinken. Ich sagte, ich hätte schon Kaffee getrunken. Darauf hin meinte sie, ich könnte doch noch eine Tasse trinken. Auf diese Idee wäre ich selbst gar nicht gekommen. Ja, so ging das dann weiter, bis ich ohne Kaffee gar nichts mehr machen konnte.

Am Mittwoch Abend, also einen Tag nach der Diagnose, rief ich meine jüngste Tochter in Australien an, wo sie seit einem halben Jahr lebt. Sie ist Heilpraktikerin für Chinesische Medizin und ich wollte hören, was sie über Krebs weiß. Sie war natürlich überrascht und meinte, ich sollte mich gründlich informieren, auch im Internet, alle Seiten durchdenken, auch die schulmedizinische, und mich dann schnell entscheiden. Sie gab mir noch die Telefonnummer ihrer Bekannten, die sich mit chinesischen Kräutern auskennt, vielleicht sei das ja ein Weg für mich, möglicherweise zusätzlich zu einer anderen Behandlungsart. An meiner Tochter Tina schätze ich besonders, dass sie nicht emotional reagiert. Man kann mit ihr wirklich über alles reden, sie hat immer eine fundierte Meinung. So war ich recht zufrieden mit dem Gespräch, nur das Wort „schnell" passte mir gar nicht. Zum Schluss sagte sie noch etwas Wesentliches: Ich sollte mir vorstellen, wie mein Leben *nach dem Krebs* aussieht, was sich also ändern müsste, damit ich die Krankheit überlebte. Ich sagte spontan, dass ich in Australien leben wollte. Das Verhalten meiner Ärztin fand sie auch unmöglich. Sie selbst weiß nichts, und ich soll mich auch nicht woanders informieren? Irgendwas war faul.

Am darauffolgenden Tag war der erste Termin bei der Krankengymnastin. Mein Leben wurde plötzlich so intensiv, jede Minute war wichtig. Eine neue Zeitrechnung war angebrochen. Abends forschte ich weiter im Internet bis zum Umfallen. Ich suchte nach Alternativen zur Operation. Was mich besonders beunruhigte, war die Information, dass bei befallenen Lymphknoten (was bei mir der Fall war, mein linker Arm war schon fast steif) diese entfernt werden, was meistens zu späteren Lymphödemen führt. Frauen berichten im Internet darüber, dass sie nach so einem Eingriff ständig Schmerzen und Schwellungen an der Achselhöhle hatten, viele waren sehr lange oder für immer arbeitsunfähig.

Nun erfasste auch mich Panik. Das würde in meinem Fall bedeuten, dass ich die körperlich schwere Arbeit als Putzfrau vergessen könnte. Ich würde die Arbeit verlieren und wieder ins soziale Abseits sinken, aus dem ich gerade erst hochgeklettert war, was nach zehn Jahren Arbeitslosigkeit nicht einfach war. Welcher deutsche Arbeitgeber stellt schon eine über fünfzig jährige Frau ein, die nicht mehr als ein halbes Soziologiestudium und ein paar Bürojobs vorzuweisen hat, als Hobby Naturheilkunde und Yoga-Philosophie angibt, und zu allem Überfluss auch noch mit einem Afrikaner verheiratet ist, nachdem sie schon eine Ehe mit einem Deutschen und einem Inder hinter sich hat? Ein Mensch ohne Arbeit ist in Deutschland kein Mensch, und deshalb ist mir dieser Putzjob so wichtig, auch wenn die Arbeit körperlich sehr viel und geistig sehr wenig fordert. Ich erinnere mich noch zu gut an den Tag, als ich das Angebot vom Arbeitsamt bekommen habe. Zehn Minuten zu Fuß von meiner Wohnung entfernt, in einem neu renovierten, einladenden Gebäudekomplex gelegen, erschien es mir als mein idealer Arbeitsplatz. Noch dazu bot man mir zwei verschiedene Jobs an, einen Büro- und einen Putzjob. Ich nahm das Putzen, dem Büroalltag hatte ich schon vor zwanzig Jahren ade gesagt. Der Stress ist einfach für mich nicht auszuhalten. Und meine Augen sind inzwischen noch schlechter geworden. Was mir am Putzen gefällt, ist die Tatsache, dass ich während der Arbeit meinen eigenen Gedanken nachgehen kann, denn die Hände wissen nach ein paar Tagen automatisch, was sie zu tun haben. Ich kann also über Gott und die Welt nachdenken, während ich meinen Lebensunterhalt verdiene. Das ist schöner als eine Bürotätigkeit, bei der ich mich mit den Problemen meines Chefs und eines ganzen Unternehmens beschäftigen muss.

An Alternativen bot mir die Suchmaschine *google.de* als erstes Dr. Hulda Clark an, eine Ärztin, die vorgab, dass bei Krebs, Aids und anderen schweren Erkrankungen, Parasiten im Darm vorhanden sind, die mit einem sogenannten Zapper elektrisch vernichtet werden können. Ich besuchte ihre Website. Es stimmte mich so hoffnungsvoll, sogar eine Ärztin empfahl eine Alternative, ich war begeistert. Als ich jedoch las, dass dieser Zapper und die anderen Mittel, die man für eine erfolgreiche Therapie brauchte, 1500 Euro kosten würden, wurde ich skeptisch. Zum einen wegen der Höhe der Summe, die ich zu der Zeit nicht aufbringen konnte, zum anderen wegen meiner Abneigung gegen Technik an meinem Körper. Ich telefonierte mit Bekannten, die mir empfahlen, noch andere Alternativen zu suchen. Falls es nichts anderes gäbe, könnte ich ja Huldas Zapper nehmen, dann würden „wir das Geld schon irgendwo her bekommen". In diesen Tagen war ich sehr empfindsam, was Worte anging, und das Wort „wir" beruhigte mich ungemein. In Krisenzeiten zeigt sich, wer die wahren Freunde sind. Ich dachte einige Stunden nach, dann entschied ich, dass es für eine arme Frau wie mich noch etwas anderes geben müsse. Ich vergaß Hulda vorerst wieder. Nicht dass ich am Erfolg ihrer Therapie zweifle, die Berichte von ehemaligen Patienten und Patientinnen belegten, dass sie ihnen geholfen hat, es erschien mir für mich einfach nicht praktikabel. Mag sein, dass Parasiten im Darm vorhanden sind, mit Sicherheit sind

die vorhanden, aber ich vertraute dann doch noch mehr den Kräuterrezepten nach Maria Treben.
Danach klickte ich *amazon.de* an, worauf ich in den folgenden Tagen und Wochen noch öfters zurückkam. Da war doch einiges vorhanden an Erfahrungsberichten. So schlecht war das Internet gar nicht. Ich wählte als erstes das Buch von Eva-Maria Sanders, „Leben! Ich hatte Krebs und wurde gesund". Na bitte, dachte ich, das klingt doch hoffnungsvoll. Sie wurde wieder gesund, und wenn sie das kann, kann ich es auch, sagte ich mir, ich komme schließlich auch aus Bayern, genau wie Frau Sanders. Das interessierte mich, wie sie das angestellt hat, wieder gesund zu werden. Ein Vorbild brauchte ich, eine die es geschafft hat, dann würde schon alles gut gehen.

Heilen ist einfach

Am nächsten Tag, einem Donnerstag, hatte ich schon einen Termin bei der chinesischen Kräuterfrau. Ich war sehr aufgeregt und gespannt, was da geschehen würde. Egal was es war, ich war bereit, auch die ungewöhnlichsten Dinge anzunehmen, Hauptsache, es brachte mir Heilung. Eine dynamische, gesund aussehende Chinesin öffnete die Praxistür. Sie lachte mich ganz spontan an, das gefiel mir. Ich hatte noch keine Erklärung dafür, was es zu lachen gab, doch dann fiel mir das Sprichwort „Lachen ist die beste Medizin" ein. Sie fragte mich nach dem Grund meines Besuches und nach meinem Befinden. Ich sagte ihr, dass ich einen Knoten in der Brust hätte, der operiert werden sollte, was ich aber auf keinen Fall möchte, und zeigte ihr den Befund des Radiologen. Als sie auf dem Röntgenbild sah, dass der Knoten schon 4 cm groß war, meinte sie: „Der muss schnell raus." Schon wieder hörte ich das Wort „schnell". Dieses Wort nervte langsam. Ich konterte: „Meine Tochter sagte mir aber am Telefon, Sie können mit chinesischer Kräutermedizin Knoten zum Verschwinden bringen". Das stimmte zwar so nicht, aber ich wollte um jeden Preis, dass sie sich meiner annahm, ohne mich gleich wieder fortzuschicken. Sie war schließlich mein Rettungsanker. „Ja, aber nicht diese Größe", sagte sie entrüstet, „Kleine ja, aber nicht diese Größe."

Mit meiner erhöhten Sensibilität, die mich seit Bekanntwerden der Diagnose begleitete, nahm ich wahr, dass sie Knoten zum Verschwinden bringen konnte, nur über die Größe ging der Streitpunkt. Ich hakte genau da ein, indem ich zu ihr sagte: „Die Größe muss nicht genau stimmen, vielleicht sind es nur 3 cm, Ärzte können sich doch irren."
Sie schaute mich immer wieder durchdringend, aber achtsam an. Mir war nicht klar, ob das schon zur chinesischen Diagnostik gehörte, ich ließ mich jedenfalls davon nicht aus der Fassung bringen.
Nach einigen Augenblicken, die mir ewig lang erschienen, setzte sie wieder zu einer Erklärung ihres Standpunktes an. Die Kräuter sollte ich nur zur Unterstützung nehmen, dafür sollte ich aber unbedingt auf die Chemotherapie verzichten. Und ich sollte keine Biopsie machen lassen, das würde die „Bombe zum Platzen bringen", also Metastasen bilden. Aber ohne OP meinte sie, würde ich den Knoten nicht weg kriegen, dafür sei er schon zu groß. Kleinere Knoten könne sie mit Kräutern heilen, aber diese Größe nicht mehr. Außerdem seien meine Lymphknoten angeschwollen, die Verantwortung war ihr einfach zu groß, das fühlte ich ganz deutlich. Gleichzeitig bekam ich das Gefühl, dass sie eigentlich auch keine richtige Alternative bieten konnte, wahrscheinlich war es doch nur als Zusatzbehandlung gedacht.

„Ich gehe keinesfalls in eine Klinik", erklärte ich wiederholt. So saßen wir uns gegenüber, jede auf ihrem Standpunkt beharrend.

Ich berichtete ihr von meinen Recherche-Ergebnissen im Internet und meinen Ängsten vor einer konventionellen schulmedizinischen Behandlung. Das beeindruckte sie aber nicht. Sie schaute mich einfach wieder tiefgründig an, als wollte sie in den hintersten Winkel meiner Seele schauen, sagte aber nichts. Entsetzen packte mich, als mir einfiel, was meine Tochter mir noch gesagt hatte: „Chinesen lieben Operationen." Die passende Antwort fiel mir auch gleich darauf ein: „Ich bin kein Chinese!" Solange mein Gehirn noch funktioniert, ist noch nichts verloren, solange mir noch was einfällt, besteht Hoffnung, da war ich mir sicher. Nach einigen Augenblicken weiteren Schweigens begann sie mit der eigentlichen Untersuchung nach der Traditionellen Chinesischen Medizin (Abkürzung TCM, vom englischen Traditional Chinese Medicine, nicht zu verwechseln mit TCM im Deutschen, das ist die Hausmarke von Tchibo).

Eine der Hauptsäulen der Diagnostik nach der TCM ist die Zungendiagnose. Ich brauchte nur die Zunge entspannt raus zu strecken, während sie die Diagnose durch Schauen praktizierte. Die Betrachtung der Zunge liefert dem Therapeuten die verlässlichsten Informationen, mehr noch als die Pulsdiagnose, die manchmal ungenau ist. Die Hauptpunkte der Zungendiagnose sind die Farbe des Zungenkörpers, die Form, der Zungenbelag und die Feuchtigkeit der Zunge, und auch die Bewegung, Zittern oder ähnliches. Das auffallendste an meiner Zunge war die blau-violette Farbe, die auf einen Blutstau hinwies.

Als zweite Säule gilt die Pulsdiagnose, die detaillierte Informationen gibt über den Zustand der inneren Organe, Herz, Lunge, Leber, Nieren, Milz. Nachdem sie die drei Ebenen der Pulstastung – oberflächlich, Mitte und tief – aufgespürt hatte, machte sich die Chinesin ihre Notizen, auf chinesisch versteht sich. Ich wagte nicht, sie zu fragen, wie es um mich stand. Ich wollte diese geheimnisvolle Vorgehensweise nicht unterbrechen.

Zum Schluss schaute sie noch auf die Ohren, deren Form, Farbe, Größe, eventuelle Schwellungen oder Schmerzen zusätzliche Hinweise für die Diagnose liefern. Die ganze Untersuchung dauerte nur ein paar Minuten, das beeindruckte mich. Es war absolut schmerzfrei und angenehm. Der Knoten als solcher hatte sie überhaupt nicht interessiert. Ich fühlte mich nach dieser unkomplizierten Untersuchung gut verstanden, mein Vertrauen wuchs, ohne dass ich genau sagen könnte, warum. Die Chinesische Medizin war mir bis dahin absolut fremd. Es gab keine Überheblichkeit, keine Hektik, keine Drohungen, wie ich es von unseren Ärzten kenne, die Praxis war spärlich eingerichtet, aber sauber. Es gab keine Angst machenden technischen Geräte, statt dessen harmonisch wirkende Bilder chinesischer Landschaften an den Wänden. Während meiner Anwesenheit lachte sie oft ganz laut und meinte, ich solle „cool sein", nicht so ernst. Das klang lustig, mit ihrem chinesischen Akzent, und ich musste auch herzhaft lachen. Sie sagte, ich solle an die vielen Opfer weltweit denken, die bei Selbstmordattentaten ums Leben kommen, die hätten keine Sekunde mehr Zeit gehabt, sich auf den Tod vorzubereiten, da wäre ich noch besser dran. Einen Tag vorher war das Attentat von Madrid, bei dem hunderte unschuldiger Menschen starben. Ich war etwas verdutzt und fragte mich, was ich wohl mit dem Attentat von Madrid zu tun hätte. Und warum sprach sie vom Tod? Doch dann nahm ich es einfach so hin, mit der intuitiven Gewissheit, dass Chinesen einfach weiter blicken als Europäer.

Als ich mich verabschiedete, kam sie ganz nah an mich heran, Kopf an Kopf, und es entstand eine Situation, in der ich das Gefühl hatte, wir waren geistig verbunden. Ich vernahm die Worte: „Diesmal geht es noch gut, es ist schon geschehen." Ich konnte aber nicht mit Sicherheit ausmachen, ob sie dieses gesagt hatte, oder ob die Worte direkt in meinem Kopf entstanden sind. Etwas benommen verließ ich die Praxis, mit dem Gefühl, schon auf dem Weg der Heilung zu sein. Praktiziert sie nebenbei noch Geistheilung, fragte ich mich, oder ist hier noch etwas anderes geschehen, was ich nicht verstehe? Die Antwort ist bis heute offen.

Mein Freund, der Krebs

Anschließend fuhr ich gleich weiter zur Krankengymnastik. Ich sagte den Damen am Empfang ganz offensiv, dass ich Krebs habe. Plötzlich standen alle Angestellten in einer Traube um mich herum, als wenn es irgendwas Ungewöhnliches zu sehen gäbe. Und sie waren alle plötzlich ganz nett zu mir, was ich gar nicht von ihnen gewohnt war. Ich spürte plötzlich eine Wichtigkeit meiner Person, die ich als ganz angenehm empfand. Trotz der lebensbedrohlichen Krankheit fühlte ich mich gut. Sie wollten mich verwöhnen, statt Gymnastik bekam ich eine sanfte Rückenmassage. Ich merkte aber auch die Unsicherheit, die das Wort Krebs ausgelöst hatte. Die Chefin der Praxis wurde geholt. Keine Heißluft, meinte diese, keine Sauna, das könnte Stauungen geben. Ich konnte nicht widersprechen, denn ich hatte ja immer noch keine Ahnung. Dabei sehnte ich mich so nach Wärme. Die letzten Monate war ich ständig erkältet, ständig hustete ich und die Nase lief. Das war für diese Jahreszeit nicht ungewöhnlich und ich war sicherlich nicht die einzige, deren Nase ständig tropfte. Trotzdem hatte ich das Gefühl, dass diese Wärme-Kälte-Problematik etwas mit der Krankheit zu tun hatte. Es war klar, ich brauchte noch mehr Infos.

Auf einer Internetseite las ich eine interessante Einstellung. Der Krebs ist nicht das Problem, er ist nur ein Symptom. Ein Bote, der eine Botschaft für uns hat. Und es bringt nichts, den Boten zu vernichten (durch eine OP), wenn man die Botschaft noch nicht verstanden hat. Diese Idee stammt aus dem Buch von Thorwald Dethlefsen, „Schicksal als Chance". Ich erinnerte mich dunkel daran, dieses Buch vor zwanzig Jahren schon mal in der Hand gehabt zu haben. In meinem Bücherregal fand ich es jedoch nicht. Wahrscheinlich war ich damals noch sehr gesund. Ein Klick auf *amazon.de* gab mir erste Einblicke in die Thesen des Autors. Herr Dethlefsen, der sich selbst als esoterischer Psychologe begreift, hat das wissenschaftliche Denken im Westen erschüttert, indem er es mit der überlieferten Esoterik – dem Urwissen der Menschheit - konfrontierte. Seine Forschungsergebnisse, die er in Büchern, Kassetten und öffentlichen Vorträgen seit mehr als zwanzig Jahren verbreitet, fanden großen Zuspruch bei allen Menschen, die sich nach dem Sinn des Lebens fragen. Wer sich diese Frage stellt, landet automatisch auch bei der Frage nach Sinn von Krankheit und dem Sinn von Tod.

Nun fragte ich jeden Tag meinen Krebs, was er mir zu sagen hat. Ich horchte in mich hinein und achtete auf alle möglichen Zeichen und Hinweise, wie es weitergehen könnte. Ich fuhr in der U-Bahn und sah eine Werbung für ein Kinderbuch mit dem Titel „Alberta geht die Liebe suchen". Das sprach mich sofort an, als wenn das Buch direkt für mich geschrieben worden wäre. Ich beschloss, das Buch zu bestellen. Der Witz ist, man braucht nur die ersten beiden Buchstaben wegzulassen, dann heißt es „Berta geht die Liebe suchen", und das bin ich. Diese Aufgabe wollte ich nun übernehmen. In dem Buch wacht Alberta, eine kleine Feldmaus, aus dem Winterschlaf auf und geht die Liebe suchen. Sie sucht hinter dem Berg, am See, bis sie schließlich Fred trifft und nachdem beide müde sind vom Suchen, merken sie plötzlich, dass die Liebe ganz nah ist. Ein Buch nicht nur für kleine, sondern auch für große Kinder.

Einen weiteren bemerkenswerten Hinweis bekam ich in einem Internet-Forum. Eine Betroffene schilderte, wie sie nach Bekanntwerden der Krebsdiagnose zu ihrem Mann gesagt hat: „Zieh aus!" Denn sie lebten in einer Dreier-Beziehung, die ihr nicht gefiel. Der Mann reagierte nicht, wie immer, da stellte sie seine Koffer vor die Tür. Zwei Monate später war der Knoten verschwunden, ohne Operation.

Solche Berichte, in denen auch die psychische Situation in Betracht gezogen wurde, fand ich sehr hilfreich. Ich las ihn auch meinem afrikanischen Ehemann vor, denn bei uns ist die Situation ähnlich. Ich hatte ihm und mir schon vor zwei Jahren ein Ultimatum gestellt, die Sache dann aber aus den Augen verloren. Das Ultimatum besagte, dass wir uns trennen, falls wir uns am Ende des Jahres nicht besser verstehen sollten. Es war wahrscheinlich ein einseitiger Wunsch meinerseits, und vielleicht nur ein halbherziger, denn wir lebten weiter in unserem Trott aus Arbeit, Schlafen und Essen. Ich wurde immer träger, dicker und unbeweglicher. Ab und an begehrte ich auf, wollte etwas ändern, wusste aber nicht, wie.

Ich hatte schließlich aus freien Stücken und bei vollem Bewusstsein einen Moslem geheiratet, der nach seiner Religion vier Ehefrauen haben darf. Da wir nach deutschen Gesetzen geheiratet haben, schien mir keine Gefahr in dieser Richtung zu bestehen. Was ich nicht wusste, war, dass er als afrikanischer Moslem eine beliebige Zahl von Geliebten haben durfte. Das gilt sogar als eine Ehre und ein Mannesbeweis in seiner Kultur. Als jedoch die Zahl der Geliebten immer weiter zunahm, wurde ich seelisch und körperlich krank. Über diese zwei Jahre Eifersucht, die auf der körperlichen Ebene von Knieproblemen begleitet waren, plane ich eine eigene Veröffentlichung. Denn es gibt meiner Erfahrung nach unweigerlich einen Zusammenhang beider Bereiche. Die Knieprobleme hörten irgendwann wie von selbst auf, statt dessen bekam ich diesen Knoten in der Brust.

In diesem Sinne kann ich sagen, der Krebs *musste* kommen, denn so konnte es nicht weiter gehen. Danke, Krebs! Ich begriff nun, dass das Schicksal mir eine Chance gab, eine enorme Chance.

Ich beobachtete ganz genau, was da ablief. Wie reagierte Adama, als ich ihm bei seinem Mittagessen diese Zeilen aus dem Internet vorlas? Ich wählte bewusst diesen Zeitpunkt, denn dann war er mit sich selbst beschäftigt, müde von der Arbeit und hungrig, dann musste er einfach zuhören, ob er wollte oder nicht. Und meine Strategie funktionierte. Fast wäre ihm der Löffel aus der Hand gefallen. Ich ließ ihm einen Augenblick Zeit, die ungewöhnliche Geschichte zu begreifen, und fragte dann, ob er sich vorstellen könne, dass es bei uns so ähnlich sei. Ich wusste aus Erfahrung, dass es nicht lange dauern würde, bis er sich wieder gefasst hatte und zum Reden ansetzte. Mit dem unwiderstehlichen Charme eines afrikanischen Geschichtenerzählers hat er mich schon am Tag unseres Kennenlernens beeindruckt.

Eines Sonntag morgens ging ich damals zur Arbeit. Ich hatte einen im Erdgeschoss gelegenen Laden zu reinigen. Auf dem U-Bahnhof begegnete ich einem schwarzen Mann, der komischerweise aus irgendeinem Grund auf mich zu kam. Er sprach mich an, in einer unbekannten Sprache, doch bei genauem Hinhören konnte ich ein paar deutsche Silben herausfiltern. Soviel verstand ich: er wollte mit mir Kaffee trinken gehen. Da hatte er den Nagel auf den Kopf getroffen! Was gibt es Schöneres für mich, als morgens um acht vor der Arbeit einen Kaffee zu trinken.

So einfach machte ich es ihm aber nicht. Ich kann nicht mehr nachvollziehen, wie die Verständigung funktionierte. Jedenfalls sagte ich ihm, ich müsse zur

Arbeit und stieg in die U-Bahn. Er kam hinterher und fing wieder an zu reden. In dem unverständlichen Kauderwelsch aus mehreren Sprachen vernahm ich ganz deutlich auf deutsch den Satz: „Liebe kennt keine Grenzen". Nun hatte er mich endgültig gefangen. Wie kann ein Afrikaner, der gerade mal ein paar Tage in Deutschland ist, die Sprache nicht kennt, gerade diesen Satz so perfekt aussprechen? Dieses Geheimnis wollte ich herausfinden und ich sagte „Ja". Es war mir instinktiv klar, dass ich nicht nur zum Kaffee trinken ja gesagt hatte, sondern ich ahnte schon eine schicksalshafte Begegnung. Und so kam es dann auch. Wir gingen erst mal zu meiner Arbeitsstelle. Ich zog die schwere Holzjalousie hoch, er steckte seinen Kopf durch die zu drei viertel hochgezogene Jalousie, und da passierte es: Das Jalousienband rutschte mir aus der Hand, die Jalousie donnerte nach unten. Hätte er nicht blitzschnell seinen Kopf zurückgezogen, wäre es mit dem Kaffee trinken und den restlichen „Kleinigkeiten" nichts geworden, die im Laufe der Jahre dann noch folgen sollten.

Mein afrikanischer Ehemann wusste natürlich nicht, was Krebs ist. Im traditionellen, dörflichen Afrika, aus dem er kommt, gibt es keinen Krebs, meint er. Das müsste er wissen, schließlich ist er in einer Heilerfamilie geboren. Sein Vater war berühmt für die Heilung von Lungenkrankheiten nach der arabischen Medizin. Außerdem hatte er eine Wortmedizin gegen Skorpionstiche. Adamas Tante war eine berühmte Frauenheilkundige. Von überall her kamen Frauen und Kinder zu ihr, um sich Medizin zu holen und sich trösten zu lassen. Sie konnte auch Frauen helfen, die keine Kinder bekamen. Sogar das Geschlecht ungeborener Kinder konnte sie vorhersagen. Das könne er bezeugen, meinte Adama, denn er hat sie öfters auf ihren Reisen durch die nähere und weitere Umgebung begleitet. Er schilderte mir nun in blumigen Worten, wie aufregend es war, als an jedem Ort wo sie mit ihrem Gefolge ankam, die Mütter schon Schlange standen, um sie zu begrüßen und sich Medizin zu holen.

Ich hatte im Internet gelesen, dass es in tropischen und subtropischen Gegenden Afrikas und Asiens, wo die Malaria herrscht, keinen Krebs oder jedenfalls wenig davon gibt. Als Gründe wurden angegeben, dass durch die hohe Temperatur der Körper so aufgeheizt wird, dass sich keine Krebszellen bilden können. Es soll auch an dem schönen Wetter liegen und an der Freundlichkeit der Menschen und dass sie in der *Gemeinschaft* leben, nicht isoliert wie hier. Diese Informationen, die von westlichen Medizinern stammen, schienen sich mit denen des Geschichtenerzählers zu decken.

Adama ist ein ziemlich praktischer Mensch, wenn er gerade keine Geschichten erzählt. Trotz seiner Kindheitserinnerungen war er der Meinung, ich solle doch einfach ins Krankenhaus gehen und den Knoten entfernen lassen. Ich erinnerte ihn an seinen Onkel, der den Arzt erschießen wollte. Diese Geschichte hat er mir nun wirklich mehr als einmal erzählt und ich wusste, wie stolz er auf seinen Onkel war.

> Onkel Ali war eines Tages schwer krank. Man musste ihn ins Krankenhaus bringen, in die weit entfernte Kreisstadt. Onkel Ali ist ein geehrter Mann in der Familie, einer, den nichts so schnell aus der Fassung bringt. Da lag er nun schon den ganzen Tag, die Ärzte kamen und gingen, keiner sprach mit ihm, keiner tat etwas. Onkel Ali reichte es. „Bring mein Gewehr!" schrie er einen Jungen aus der Familie an. In Afrika begleitet die ganze Familie den Kranken, bringt ihm Essen, und wer kann, bleibt Tag und Nacht bei ihm. Der Junge schaute sich hilflos um. Einerseits musste er dem Opa gehorchen, wenn er keinen Ärger haben wollte, andererseits hatte er auch Respekt vor den Weißen. Onkel Ali schrie so laut nach dem Gewehr, bis die Ärzte endlich reagierten und sich um ihn kümmerten.

„Aber mein Onkel war eine Ausnahme", sagte Adama und lachte dabei aus vollem Herzen.
„Ich bin auch eine Ausnahme", sagte ich.

Erster Traum

In der Nacht von Donnerstag zu Freitag, also erst drei Tage nach der Diagnose, hatte ich einen heilsamen Traum:

> *Ich bin im Keller und fege alles sauber. Ich habe einen Besen in der Hand. Ich habe alles schön gefegt, da höre ich Geräusche um die Ecke. Ich erwarte einen unbekannten Feind. Mit aller **Kraft** und allem **Mut**, den ich aufbringen kann, nehme ich den Besen wie eine Waffe in beide Hände und gehe auf den unbekannten Feind los.*
> *Etwas explodiert, niemand ist da. Alles löst sich auf, keiner da, nichts.*

Ich sehe den Traum total positiv. Ich habe **Angst** und wandle diese Angst in Mut und Kraft um. Besser kann es gar nicht gehen. Der unbekannte Feind ist also meine Angst, es gibt nichts, nur diese Angst.
Ich erzählte diesen Traum meiner Tochter am Telefon. Sie bestärkte mich auch darin, das Positive zu sehen, und weiter gründlich aufzuräumen.
Anscheinend strahlte ich dieses Positive auch nach außen aus, denn die Meinung meines Mannes zum Thema OP ändert sich plötzlich. Hatte er mir noch vor zwei Tagen erzählt, dass ein Freund, dem auch vor kurzem ein Knoten in der Brust im Krankenhaus

entfernt worden war, kein Problem damit gehabt hatte, „das Ding" rausoperieren zu lassen und dem es danach bestens ging, so sah er nun, dass ich entschlossen war, einen anderen Weg zu suchen als den vorgegebenen. Ich klärte ihn darüber auf, dass ein Knoten in der Brust eines Mannes etwas anderes ist als bei einer Frau.

„Hat dein Freund etwa auch Kinder gestillt?", wollte ich wissen. Ich ging nicht so weit, ihn zu fragen, was er bei der Berührung einer weiblichen Brust empfindet, denn meine Brust hat er schon lange nicht mehr berührt. Doch er hörte mir wenigstens ein paar Minuten zu, und das war schließlich auch schon etwas wert.

Er hörte sich gespannt meinen Traum an und als er sah, welche Kraft ich daraus schöpfte, wie ich dadurch aufblühte, ließ er sich von meiner Begeisterung anstecken und lud mich zum Salsa-Tanzkurs ein. Er selbst ist schon seit Jahren ein leidenschaftlicher Salsa-Tänzer, was auch mit ein Grund für meine Eifersuchtsdramen war. Wir sprachen über unsere Beziehung, darüber, wie es so kommen konnte, wie es gekommen ist. Dieses Verdrängen von Gefühlen musste ein Ende haben, das wurde mir mehr und mehr klar. Früher oder später kommt alles zu Tage, in welcher Form auch immer, vielleicht sogar als Knoten in der Brust. Adama hatte es in diesen Tagen auch nicht leicht, denn er musste zwei Rollen gleichzeitig spielen. Einerseits war er meine einzige Bezugsperson, mit der ich alles besprechen konnte und die alle meine Gefühlswallungen ertragen musste, andererseits stand er auch als möglicher Mitschuldiger vor diesem Geschehen. Das war schon fast lustig, was jeden Mittag ablief. Er kam nach Hause zum Essen, ich überhäufte ihn mit meinen neuesten Erkenntnissen, kaum dass er die Wohnung betreten hatte. Ich hatte auch kein schlechtes Gewissen, dass ich nicht für ihn gekocht hatte, das musste er nun schon selbst machen.

Um mir seine Solidarität zu erhalten, sagte ich, dass er nicht schuld sei. *Ich* hätte den Krebs produziert und *ich* könne ihn auch wieder beseitigen. (Wieso ich mir dessen so sicher war, begriff ich selbst nicht, wahrscheinlich war ich schon durch das Internet beeinflusst.) Erstaunlicherweise wuchs damit seine Achtung vor mir.

Keine Kompromisse mehr

Es wurde mir klar, dass ich viel seelischen Müll aus der Vergangenheit mit mir herumtrug. Ungerechtigkeiten, die ich schweigend ertragen hatte, von der Kindheit angefangen bis jetzt. Gute Vorsätze, die ich nicht in die Tat umgesetzt hatte, Pläne, die ich nicht verwirklicht hatte. So was bleibt auch im Körper irgendwie haften, bildet vielleicht Schlacken, was weiß ich.
Ich werde nichts mehr in mich hineinfressen, im wörtlichen und im übertragenen Sinne, nahm ich mir vor, keine Kränkung mehr erdulden. Gleich am Sonntag erhielt ich Gelegenheit, meine neuen Vorsätze in die Tat umzusetzen. Adama hatte Besuch von seinem Freund. Sie saßen seit Stunden in der Küche und unterhielten sich beim Kochen. Ich hatte geduscht und brauchte ein bisschen Öl auf meiner Haut. Noch im Bademantel ging ich in die Küche und bat Adama, mich einzuölen. „Warte, ich komm gleich", sagte er. Das konnte zweierlei bedeuten. Entweder er kam wirklich in den nächsten Minuten – dazu musste er vorher seinem Freund die Aufsicht über das Kochen zuteilen, oder er wollte mich abwimmeln. Ich wartete genau fünf Minuten, dann wusste ich, mit Warten komme ich hier nicht weiter. Die Geruchsfahnen hatten mir bestätigt, dass es Erdnusscreme-Sauce geben würde. Es kann erfahrungsgemäß bis zu vier Stunden dau-

ern, bis das Erdnussöl sich oben absetzt, Blasen bildet und die Creme sich unten durch langsames, stetiges Rühren mit dem Gemüse vermischt und diese verführerische Konsistenz erreicht, die traditionsgemäß vorgeschrieben ist. Ich änderte meine Strategie und ging wieder in die Küche, diesmal gleich mit der Ölflasche in der Hand, den Bademantel etwas gelockert, direkt zu seinem Freund und sagte: „Rücken einölen", wie ein Befehl. Nun mussten sie ihre Gespräche über die politische und die sonstige Lage der Welt, die Unfähigkeit afrikanischer Präsidenten und was man dagegen tun könnte, unterbrechen. Nun war die Revolution zu Hause ausgebrochen. Adama sprang schnell hoch, um seinem verlegenen Freund aus der Klemme zu helfen und ich bekam, was ich brauchte.

Tagebucheintrag 12. März 2004

Heute geht es mir merklich besser. Ich finde, der Knoten ist kleiner geworden. Das bestätigt mich, auf die OP zu verzichten. Ich bitte Adama, den Knoten zu untersuchen, er ist derselben Meinung. Er schwenkt mehr und mehr auf meine Seite. Lese ihm aus dem Tagebuch vor. Die Sonne scheint an diesem schönen Märztag, es ist schon richtig warm. Nach drei Tagen Tee trinken und wenig essen habe ich zwei Kilo abgenommen. Ich scheide viel stinkenden Stuhl aus, ganze Berge davon. Dieser Dreck muss raus.

Was noch „raus kommt" sind Aggressionen, ich habe richtige Gewaltfantasien, keine Hemmungen, keine Tabus, wie der Krebs, schrankenlos. Ich sage alles was mir einfällt, offen. Ich entwickle eine unbekannte Offensive, gehe offen auf alle zu, egal wer es ist. Die Angst ist geplatzt, gibt es Liebe?

Glaube – Hoffnung – Liebe

Langsam ließen auch die Muskelverspannungen nach. Ich konnte mich wieder besser bewegen. Auch an den beiden folgenden Tagen wurde es besser. Ich kaufte noch Schwedenkräuter, Ringelblumensalbe und Labkrautsalbe in der Apotheke. Damit behandelte ich den Knoten von außen, so wie es in dem Buch von Maria Treben angegeben ist, denn ich wollte nichts unversucht lassen. Ich glaubte fest daran, dass ich wieder gesund werden würde. Ich war ganz Krebs. Wie in dem Kinderlied, das wir in meiner Kindheit in Bayern immer gespielt hatten: „Frau Müller hat ein Schwein geschlachtet, was willst du davon haben?" Die Antwort ist immer dieselbe, wenn man sich einmal festgelegt hat, z. B. „Ohr", sagt man immer „Ohr", egal wie die Frage lautet. Die Mitspielerinnen versuchten natürlich einen aus der Fassung zu bringen. Wenn man einmal nicht „Ohr" sagte, war man raus.

Tag und Nacht war ich nur Krebs. Wie vor zwei Jahren, als ich ganz Knie war. Ich hatte eine schwere Knieverletzung, durch die ich mich fast nur noch auf allen Vieren fortbewegen konnte. Trotzdem ging ich jeden Tag zur Arbeit. Ich hielt mich an meinem Fahrrad fest, stieg unter Schmerzen auf und hoffte immer, dass ich an der Ampel nicht absteigen musste, und mir auf meiner zehnminütigen Fahrt niemand entgegenkommen würde. Wie ich die körperlich schwere

Arbeit bewältigen konnte, bleibt mir selbst ein Rätsel. Ich hoffte nur immer, dass mich keiner sieht, wie ich mich dahinschleppte. Das Gebäude hatte vier Stockwerke. Ich zog mich am Treppengeländer hoch, jede Beuge- und Drehbewegung schmerzte unglaublich. Ich gebe zu, dass ich nur das Nötigste gemacht habe. Wahrscheinlich ist das Gebäude in dieser Zeit ziemlich verdreckt. Jedenfalls habe ich keine Abmahnung bekommen.

Die Heilung zog sich über ein Jahr hin. Während dieser Zeit fiel ich auch öfters mit dem Rad um, denn mir wurde plötzlich schwindlig. Wegen meines instabilen Knies konnte ich das Gleichgewicht nicht halten. Einmal fiel ich mitsamt dem Einkaufskorb auf dem Gepäckträger an der Kreuzung hin und konnte nur mit Hilfe von Passanten wieder hoch kommen. In der ersten Phase der Knieverletzung lag ich nach der Arbeit den ganzen Tag im Bett. Ich suchte Heilung und fand unter meinen Unterlagen ein Manuskript, das ich schon vor Jahren von einer Bekannten bekommen hatte, über „Jin Shin Jyutsu", eine alte japanische Methode der Selbstheilung. Man muss dabei bestimmte Punkte am Körper halten. Wichtig sind auch die Finger. Ich lag also im Bett und hielt einen Finger nach dem anderen, minutenlang, ganz entspannt. Das half mir.

Erst nach einem Monat ging ich zum Orthopäden. Orthopäden sind nach Chirurgen die schlimmsten

Ärzte auf meiner Negativ-Hitliste. Zuerst schien es, als ginge es diesmal besser als sonst. Der weißgekleidete, braungebrannte Herr Doktor kam mit seinem Gefolge strahlend ins Behandlungszimmer. Die Begrüßung war überschwänglich, dann aber änderte sich sein übertrieben freundlicher Gesichtsausdruck, und zwar in dem Moment, als er auf der Karteikarte die Berufsangabe gelesen hatte. Raumpflegerin, das haben wir gleich erledigt, wird er sich gedacht haben. Die Untersuchung ging dann auch sehr schnell, er stellte nur eine leichte Arthrose fest. Ich sollte mich mit anderen Worten nicht so anstellen. Ich kam gar nicht dazu ihm zu erzählen, dass ich schon immer instabile Knie hatte, dass ich mir mit acht Jahren das linke Knie beim Spielen ausgerenkt hatte und mein Vater, ein ungebildeter Bauer, es mir wieder eingerenkt hat, indem er mich auf den Küchentisch setzte und das Bein mit einem Ruck wieder geradebog. Ich hätte es auch wichtig gefunden, ihm von meinen ständig verstauchten Knöcheln zu erzählen, meinen Plattfüßen, den X-Beinen, von meinem Beckenschiefstand, den ich mir bei einem schweren Autounfall im Alter von neunzehn Jahren zugezogen habe, als ich im dritten Monat schwanger war. Für so viele Informationen hat ein Arzt ja wahrscheinlich keine Zeit.
Ich war nur zu ihm gegangen, weil ich eine Verordnung für Kniebandagen brauchte. Warum sollte ich sonst zum Arzt gehen? Die meisten Patienten gehen

sowieso nur zum Arzt, wenn sie eine Krankschreibung brauchen, oder wenn jemand gestorben ist. Dann braucht man diese Herren über Leben und Tod. Denn solange der Arzt nicht bescheinigt hat, dass dieser Mensch tot ist und zwar aus dem und dem Grund, ist dieser Mensch eben noch nicht tot. Ich brauchte noch nicht mal eine Krankschreibung.

Am Dienstag, dem 16. März war der Termin bei der Frauenärztin. Vielleicht kann sie mir ja den Unterschied zwischen einem gutartigen und einem bösartigen Tumor erklären, hoffte ich. Trotz des Termins musste ich natürlich warten, in diesem Fall hatte es aber etwas Gutes. Im Wartezimmer fand ich in dem reichhaltigen Angebot an Flugblättern und Broschüren ein Faltblatt des Antroposophischen Krankenhauses. Dafür hatte ich mich schon interessiert, denn im Internet bin ich auf die Misteltherapie aufmerksam geworden. Ich hatte mir zwar eingebildet, dass dies eine Alternative zur OP sei, das war jedoch ein Irrtum. Die Misteltherapie sollte erst nach der OP einsetzen, als Unterstützung. Trotzdem waren mir die anthroposophischen Ärzte sympathischer als andere. Eines stand bereits fest: sollte ich in eine Klinik gehen, dann in eine anthroposophische. Dass die Frauenärztin diese Faltblätter ausgelegt hatte, beruhigte mich.

Für Anthroposophie interessiere ich mich schon seit längerem, vor allem für den Begründer, Rudolf Steiner. Wie kann ein einzelner Mensch eine ganze Lehre erfinden, woher kommt dieses Wissen? Ist es das alte indische Wissen, das er für die Europäer aufbereitet hat, hat es für alle Menschen und alle Zeiten Gültigkeit oder nicht? Solche und ähnliche Fragen beschäftigen mich. Ich hatte immer wieder etwas von anthroposophisch erweiterter Medizin gelesen. Da wurde betont, dass sie kein Ersatz der modernen wissenschaftlichen Medizin sei, sondern eine Erweiterung. Gerade diese Erweiterung interessierte mich. Das war doch etwas Neues für meinen forschenden Geist. Genau diese Dimension des Geistigen ist es, die dem am Materialistischen orientierten wissenschaftlichen Denken fehlt. Das macht die Menschen so unglücklich, weil wir fühlen, dass wir mehr sind als intelligente Roboter.

Die Ärztin, eine kleine, blasse Frau, nahm sich Zeit für ein ausführliches Gespräch. Sie stellte dieselben Fragen, die ich schon von den anderen Ärzten kannte: „Haben Sie den Knoten selbst entdeckt, wann war das?" und so weiter. Ich fühlte mich trotz ihrer offensichtlichen Bemühungen nicht persönlich berührt. Ich ging in die Offensive und sagte: „Ich nehme Kräuter zur Behandlung und es ist schon besser geworden. Ich möchte keine Operation."

Sie lächelte ungläubig und fragte nach den einzelnen Kräutern, die sie sich auch aufschrieb. Dann wollte sie sich den Knoten ansehen. Sie betastete vorsichtig die äußeren Konturen, stellte fest, dass er hart war und unbeweglich, was sie als schlechtes Zeichen deutete. Nach der Ultraschalluntersuchung bestand sie darauf, dass hier ein Fall für die Spezialisten im Brustzentrum Urbanstraße vorlag. Sie müsse mich leider dringend dort einweisen.

Da fiel bei mir der Vorhang. Ich schaltete auf stur. Was war mit meinen Fragen? Innerlich hatte ich entschieden, keinesfalls ins Urban-Krankenhaus zu gehen, schon weil es direkt gegenüber meiner Wohnung lag und es mir einfach zu nahe war. Ich brauchte mehr Zeit. Offensichtlich war ich hier schon wieder fehl am Platze.

Ich gab ihr noch eine Chance: „Können Sie mir den Unterschied zwischen einem gutartigen und einem bösartigen Tumor erklären?", fragte ich sie direkt.

Nun hagelte es Fachwörter. Sie faselte von Onkologen (das sind die Spezialisten), die eine Gewebeprobe entnehmen, die dann sofort von Pathologen mikroskopisch untersucht wird. „Sie können darauf in der Klinik warten, innerhalb von zwölf Stunden liegt das Ergebnis vor. Das Brustzentrum Urbanstraße arbeitet nach den modernsten Standards, da können Sie sicher sein. Nur der Pathologe kann mit Sicherheit sagen, ob ein malignes, also bösartiges Zellwachstum vorliegt."

Ich hörte nicht mehr zu, als sie die genauen Abläufe in der krankhaften Zelle erklärte, das war doch sowieso nur alles auswendig gelernt. Sie merkte meine Ableh-

nung und sagte beschwörend: „Glauben Sie doch dem Pathologen, dass er sein Handwerk versteht."
Ich wollte schnell raus aus der Praxis und stimmte einer Einweisung zu. Ob ich wirklich hinging, war ja schließlich meine Sache.
Ich hatte Mitleid mit all diesen Ärzten, die eigentlich nichts wissen. Ich wartete geduldig auf meine Einweisung, die ich nicht brauchte, nur um der Ärztin das Gefühl zu geben, nicht ganz überflüssig zu sein.
Ja, ich glaube, aber nicht an den Pathologen. Den drei Eckpfeilern der modernen Krebstherapie Stahl, Strahl und Chemo, stelle ich meine drei Eckpfeiler gegenüber: Glaube, Hoffnung (ich nenne es auch Vertrauen, das ist noch stärker) und Liebe. Und den Humor nicht vergessen!
Ich *glaube* fest daran, dass ich wieder gesund werde.
Ich *vertraue* auf die Kraft der Kräutermedizin.
Ich *liebe* das Leben.
Am Abend bekam ich noch eine Lektion, was Hoffnung betrifft. Nachdem ich alle Einzelheiten meiner Erlebnisse Adama erzählt hatte, bekam ich auch etwas von ihm und zwar die Geschichte von dem Hahn und der Hyäne:

> Eines Abends nach der Dämmerung kam die Hyäne in das Dorf. Sofort sah sie den Hahn, der vor lauter Angst auf einen Baum geflogen war. „Hahn", sagte die Hyäne, „komm herun-

ter, ich will dich fressen." – „Bist du dumm, ich komme nicht", sagte der Hahn.

„Ich habe deinen Vater gefangen," sagte die Hyäne frech.

Der Hahn zitterte ein bisschen und sagte dann: „Ich komme nicht, auch wenn du meinen Vater gefangen hast."

Die Hyäne lief einige Male um den Baum herum und sagte wieder: „Hahn, komm herunter, ich habe auch deine Mutter gefangen".

Der Hahn flatterte nun ein wenig mit seinen Flügeln, sagte aber danach wieder das selbe: „Ich komme nicht, auch wenn du meine Mutter gefangen hast."

„Ich habe deine ganze Familie gefangen", sagte nun die Hyäne.

Doch der Hahn sagte nur: „Das haben sie wohl verdient", und blieb weiter auf dem Baum sitzen.

„Hahn, weißt du was?", sagte die Hyäne. „Ich habe deine Hoffnung unter Kontrolle."

Sofort fiel der Hahn wie tot vom Baum und landete genau vor der Hyäne. Sie war darüber sehr erstaunt und fragte den Hahn, nachdem er wieder zu sich gekommen war, warum er plötzlich heruntergefallen sei.

„Das weißt du nicht?", wunderte sich der Hahn. „Du kannst mich jetzt fressen, denn ich bin schon so gut wie tot, denn ohne meine Familie kann ich weiterleben, aber nicht ohne Hoffnung".

„Ich kann dich nicht fressen", sagte die Hyäne zu dem Hahn, „denn du bist auch meine Hoffnung".

„Wie kommt das?", fragte nun der Hahn ganz erstaunt.

„Ich komme immer in der Dunkelheit in das Dorf, damit mich keiner sieht. Und dein Krähen, Hahn, gibt mir das Zeichen, wann ich verschwinden muss. Deshalb bist du meine Hoffnung und deshalb kann ich dich nicht fressen."

Der Hahn bedankte sich für diese Belehrung und verabschiedete sich.

Bücher, Bücher, Bücher...

Als eines der ersten Bücher, die ich bei *amazon.de* bestellt hatte, kam „Krebs besser verstehen" von Hans-Richard Heiligtag, „Ein Ratgeber aus der Sicht der anthroposophisch erweiterten Medizin". Es geht um neue Wege in der Behandlung der Krebserkrankung, neue Gedanken über die Krankheitsentstehung, Therapie und Heilungsmöglichkeiten. Das klang vielversprechend. Es schien mir richtig, erst mal zu versuchen, eine Krankheit zu verstehen, ehe man sie behandeln kann.
Der Titel des ersten Kapitels lautet: „Krebs ist anders". Das gefiel mir, von Anfang an liegt der Schwerpunkt auf dem Verständnis dessen, was ein Mensch ist, was eine Krankheit ist. Es geht um Hoffnung, um Vertrauen, um das Neue, das die Krankheit bringen kann. Beispiele von ehemaligen Patientinnen werden geschildert, deren Leben sich nach der durchgemachten Erkrankung positiv verändert hat. Hier lag ich endlich mal richtig.
Ich blätterte weiter und hielt bei einem Bild inne, das eine Patientin zeigt, die ein Musikinstrument spielt, die Leier. Das Instrument wird in Höhe des Herzens gehalten und mit beiden Händen gespielt. Von diesem Instrument hatte ich noch nie etwas gehört, und was hatte das mit Krebs zu tun? Ich stelle mir vor, wie

ich dieses Instrument in den Händen halte und ihm einen Ton entlocke.

Die Mistel wird ausführlich vorgestellt, die bildet den Kern der antroposophischen Krebsbehandlung. Ich verstehe nun auch, warum. Die Mistel macht es genau wie der Krebs. Sie ist ein Schmarotzer, saugt Bäumen die Lebenskraft aus, die sie selbst zum Leben braucht. Der Einsatz der Mistelpflanze als Heilmittel geht auf Rudolf Steiner zurück. Durch seine geistige Schau konnte er erkennen, dass diese Pflanze viel mit dem Krebsgeschehen im Menschen gemeinsam hat.

Die Heilkraft dieser Pflanze soll sich in einer Antitendenz zeigen, sie macht alles anders als die anderen Pflanzen. Sie lebt in ihrer einmaligen Kugelform aristokratisch auf ihrem Wirtsbaum, bildet keine eigenen Wurzeln, als wolle sie den Kontakt zur Erde vermeiden. Sie blüht im Winter, geht also selbstbewusst mit Licht und Wärme um. Es ist derselbe Irrsinn, so Steiner, den diese Pflanze betreibt, der auch die Krebskrankheit für den Menschen ist. Es scheint, als ob diese Pflanze aus einer anderen Welt kommt, und daher soll auch der Impuls zur Heilung kommen. Nach Steiner versetzt die Mistel den Menschen in den Zustand vor der Krankheit. Auch die Zubereitung als Tee muss anders gemacht werden als bei Kräutertees. Mistelkraut wird abends kalt angesetzt, über Nacht stehen gelassen und morgens auf Trinktemperatur erwärmt.

Was mich dann beim Weiterlesen aber störte, war, dass die Therapie vom Patienten selbst durchgeführt werden muss und zwar mit der Spritze. Das kam für mich nicht in Frage, ich könnte mir nie selbst eine Spritze geben. Da bin ich noch eigenwilliger als die Mistel.
Richtig hellhörig wurde ich bei den künstlerischen Therapien: Maltherapie, Plastizieren, Musiktherapie, Sprachgestaltung, Heileurythmie, Farblichttherapie. Wäre das schön, wenn ich eine oder mehrere davon machen könnte. Wenn ich überhaupt in eine Klinik gehe, dann in eine anthroposophische, beschloss ich erneut. Hier ging es um liebevolles Heilen, hier wurde gezeigt, wie günstig es sich auf die Patientinnen auswirkt, wenn sie etwas bekommen, wonach sie sich schon lange gesehnt haben, wie dankbar sie sind, wenn ein wirklichen Verstehen von Gesundheit und Krankheit in der Behandlung mitschwingt. Dieses Buch bestärkte mich erneut, die psychischen und sogar geistigen Hintergründe von Krebs zu beachten.
Im Internet fand ich Informationen über die Leier. Es war die Lyra, das göttliche Instrument, das Hermes, der Sohn von Maja, die eine der Plejaden ist, auf die Erde gebracht hat. So, so, ein göttliches Instrument, dachte ich, das möchte ich gerne kennen lernen.
Wie es mir ohne Internet ergangen wäre, kann ich mir nicht vorstellen. Ich bin froh, in dieser Zeit zu leben, wo man so schnell an Informationen heran kommt.

Reinigung –
Alles Alte muss raus

Blutpickel und andere Erscheinungen

Eine Woche lang trank ich literweise den Kräutertee nach dem Rezept von Maria Treben. Nach vier Tagen sollten diese anschlagen, so wurde in dem Buch gesagt. Das hatten sie getan. Schon nach zwei Tagen Tee trinken und wenig essen, fühlte ich mich viel besser. Die Verdauung kam in Bewegung. An verschiedenen Stellen des Körpers tauchten kleine mit Blut gefüllte Pickel auf. An der rechten Hand, wo ich als Kind Warzen hatte, bildeten sich große, braune Flecken. Ich deutete es als Reinigung, betupfte sie mit Schwedenkräutern und freute mich. Etwas änderte sich, das war die Hauptsache.
Die Wucherungen am linken Ellenbogen, die ich seit meiner Kindheit habe, machten sich bemerkbar. Es juckte ein bisschen, auch sie bekamen eine Extra-Behandlung mit Schwedenkräutern. (Dieses Rezept ist auch aus dem Buch von Maria Treben, nach einer „Alten Handschrift" aus Schweden, die im letzten Jahrhundert von einem schwedischen Arzt wiederentdeckt wurde.)
Diese Gewebsveränderungen wurden nie behandelt. Es ist mir auch nicht bekannt, ob ich die schon von Geburt an habe, oder ob es einen besonderen Entstehungsgrund gibt. Bemerkbar gemacht haben sie sich

nur, wenn ich mich an dieser Stelle gestoßen habe, dann tat es unheimlich weh. Es sieht aus wie ein kleiner Berg und obenauf thront ein blutig aussehender Pickel.

Am Dienstag Nachmittag, eine Woche nach der Diagnose, kamen endlich die chinesischen Kräuter aus Amsterdam. Ich hatte schon voller Sorge die chinesische Kräuterfrau angerufen, doch sie beruhigte mich, das ginge alles mit rechten Dingen zu. Ich hätte die Kräuter auch in Berlin bekommen können, doch dann wären sie dreimal so teuer gewesen. Die Mischung sah abenteuerlich aus. Wenn das nicht hilft, dachte ich, schon allein vom Geruch kann es sensiblen Naturen schlecht werden. Das Zeug würde den härtesten Tumor vertreiben, davon war ich überzeugt. Ich besah mir die Zutaten, viel Holz, also Rinde, Wurzeln, ganze Nüsse, Samen, Blüten, von allem etwas. Nicht vergleichbar mit dem, was wir unter Kräutern verstehen. Das einzige, was mich etwas störte, waren undefinierbare braune, Bienenwaben artige Gebilde, von denen man nicht weiß, sind sie tierischen oder pflanzlichen Ursprungs. Vielleicht getrocknete Fledermäuse oder doch nur ein Pilz oder ein Schwamm? Egal, Hauptsache, es hilft. Rein in den Topf und eine halbe Stunde kochen, dann abseien und eine weitere halbe Stunde kochen. Heraus kommt eine braune, undurchsichtige Brühe, die nicht besonders gut schmeckt.

Adama beobachtete mich dabei, wie ich da so herumwühlte, dann meinte er, das sei nicht gut, was ich da mache.
„Warum nicht?", fragte ich.
„Komm, setz dich, ich erzähle dir eine Geschichte", sagte er und legte los.

„Ein Mann wurde eines Tages schwer krank. Er ging zum Marabut, dem Ratgeber in guten und in schlechten Zeiten. Der Marabut sagte zu ihm: „Wir beten für dich und wir hoffen, dass du wieder gesund wirst." Nach dem Gebet sagte er zu dem kranken Mann, er möge doch unter dem Mangobaum warten, bis er die Medizin fertig gemacht habe. Nach einiger Zeit kam der Marabut aus seinem Haus und gab dem Mann einen kleinen Beutel. Er sagte zu ihm: „Damit gehe zum Schmied, und lasse dir ein Amulett anfertigen, trage es immer bei dir, dann wirst du bald wieder gesund."
Der Mann bedankte sich, tat, was man ihm gesagt hatte und wurde nach ein paar Tagen gesund. Da kamen ihm aber Zweifel. Er wollte wissen, *was* ihn so schnell gesund gemacht hatte. Er öffnete das Amulett und staunte. Es stand *nur ein Wort* darin. Sonst nichts.
„Nur *ein* Wort hat mich gesund gemacht?" fragte sich der Mann. Daraufhin wurde er

wieder krank. Er ging nocheinmal zum Marabut. „Wieso bist du wieder krank?", fragte der Marabut. „Was hast du gemacht?" – „Ich wollte wissen, was in dem Ding ist und ich habe es aufgemacht. Ich wunderte mich, dass nur ein kleines Wort darin stand", sagte der Mann
„Es gibt keine Kleinigkeit", sagte der Marabut bestimmt. „Akzeptiere es einfach, und du wirst wieder gesund. Aber pass diesmal auf!"
„Ich verspreche es", sagte der Mann. Sie beteten noch einmal gemeinsam, dann ging er nach Hause.
Nach einigen Tagen wurde er wieder gesund. Er war überaus glücklich, ging wieder zum Marabut und bedankte sich. Doch nach einer Weile packten ihn wieder Zweifel. Er machte das Ding wieder auf, um nachzuschauen. Sofort wurde er wieder krank.
Er ging wieder zum Marabut. Dieser gab ihm eine Warnung: „Ich sage dir ein letztes Mal, vertraue, sonst musst du sterben."
Diesmal hielt sich der Mann an die Anweisung, er machte das Amulett nicht wieder auf und wurde wieder gesund.

Glaube hat Magie!
Vertrauen hat Magie!

Es geht um Leben und Tod

Durch die Informationen aus dem Internet und durch eigene Überlegungen kam ich darauf, dass Krebs eine Vergiftung des ganzen Menschen ist. Falsche Gefühle und falsche Gedanken gehören auch dazu. Ich beschloss, ab sofort wieder im Bioladen einzukaufen, wie ich es früher schon getan hatte, bevor ich in dieses Abstumpfungsdilemma hineingeraten war. Das fing an, nachdem ich Adama kennen gelernt hatte. Er meinte damals, Biokost könnten wir uns nicht leisten. Dafür kauften wir einen CD-Player und einen Fernseher, alles gebraucht, denn wir waren beide arbeitslos und hatten wirklich kein Geld.

Diesmal konnte mich nichts mehr aufhalten, es ging schließlich um **mein Leben!** Mit Vergnügen biss ich in frische Biomöhren und Äpfel, kaute Sonnenblumenkerne und Kürbiskerne. Wie lange hatte ich das nicht gemacht! Ich versorgte mich so gut, dass ich zwischendurch sogar den Krebs vergaß. Meine Aufmerksamkeit war nicht mehr permanent in der linken Brust. Ich brauche den Krebs nicht mehr, dachte ich, er kann wieder gehen.

Jeden Morgen um 4.00 Uhr wachte ich auf. Ein dicker Brocken Schleim kam aus der Lunge spontan hoch, so etwas hatte ich noch nie erlebt. Reinigen wir auch gleich noch die Lunge, sagte ich frohen Mutes. Und das nach nur ein paar Tagen Tee trinken!

Auf der Gefühlsebene waren es Aggressionen, die verstärkt hoch kamen. Sobald ich die geringste Unstimmigkeit wahr nahm, ging mir der Hut hoch. Ich hatte plötzlich ganz konkrete Vorstellungen, wie mein Leben auszusehen hatte. Adama musste natürlich am meisten aushalten. Eine kleine Unachtsamkeit, ein paar falsch abgestellte Schuhe im Flur konnten eine emotionale Flut verursachen. Gefühlsausbrüche hatte es in der Vergangenheit auch gegeben, das kannte er schon von mir. Doch das hier war anders. Es lag eine Bestimmtheit in meinen Äußerungen, die keine Gegenmaßnahmen zuließ. Zwischendurch bekam ich selbst schon Angst vor dieser neuen Intensität des Ausdrucks. Deshalb entschuldigte ich mich immer wieder, denn ich brauchte auch seine Unterstützung. „Das ist die Krankheit", sagte ich immer wieder zu ihm. Oder einfach: „Ich habe Krebs, tut mir leid." In diesem Sinne war der Knoten mein Helfer. An diesem Knoten kam niemand vorbei. Jetzt hatte ich etwas vorzuweisen. Ich war plötzlich wichtig. Ich stand im Mittelpunkt. Das genoss ich sogar einige Zeit.

Auch auf meiner Arbeitsstelle setzte ich mich durch. Falsche Anschuldigungen, sinnlose Befehle, alles was eine Putzfrau so tagtäglich erleiden muss, konnte ich immer weniger ertragen. Das Motto „Der Mörder ist immer der Gärtner, und die Putzfrau ist an allem schuld" hatte bei mir ausgedient. Ich bekam richtig Lust, mit allen abzurechnen. Möglicherweise schoss ich einige Male über das Ziel hinaus, aber es machte Spaß.

Dabei kam ich auch auf den Gedanken, eine Mail an meinen geschiedenen Mann in Indien zu schreiben. Er sollte es auch wissen. Ich schrieb einfach nur, dass ich Krebs habe und wählte als Überschrift „Es geht um Leben und Tod". Das ist seine eigene Ausdrucksweise, mit der er mich immer wieder dazu bringt, etwas dringend für ihn zu erledigen, auch über die Distanz von ganzen Kontinenten hinweg, die nun zwischen uns liegen. Nun wirst du ein Opfer deiner eigenen Strategie, dachte ich, und es funktionierte. Er antwortete prompt, dass ich die Krankheit bestimmt überstehen würde. Er würde nicht zulassen, dass ich so jung sterben müsse. Ich müsste noch einmal mit ihm eine Himalaya-Trekking-Tour machen. Schon bekam ich eine Einladung. Diesmal nicht nach Darjeeling, da waren wir vor einigen Jahren gewesen, Auge in Auge mit dem Mount Everest. Nächstes Mal soll es der schönste Berg des Himalaya sein, der Kanchanjunga. „Abgemacht!" antwortete ich. Nun hatte ich einen weiteren Verbündeten gefunden.

Tagebucheintrag 19. März 2004

Im anthroposophischen Krankenhaus angerufen. Der Kontakt lief gut. Sympathische, unkonventionelle Herangehensweise. Termin am nächsten Dienstag, das sind drei Wochen nach der Diagnose. Vielleicht habe ich dort eine Chance auf menschliche Behandlung.

Das Buch, das mich so aufgemuntert hat, werde ich zum Termin mitnehmen. Der wichtigste Satz darin: „Krebs ist anders". (Wie ich, füge ich in Gedanken hinzu)

Nun habe ich wieder Zeit ausgehandelt, die ich brauche, um weiterzuforschen. „Auch ein 1 cm großer Knoten kann schon Metastasen gebildet haben," lese ich gerade in einem Forumsbeitrag. „Der Knoten ist nicht die Krankheit, sondern nur ein Symptom."

„Dieser Krebs ist die größte Chance Ihres Lebens, das größte Geschenk, das Sie bisher bekommen haben, weil Sie nur durch diesen ungeheuren Druck bereit sind, an sich zu arbeiten und sich zu öffnen", schreibt E. M. Sanders. Sie scheint eine ähnliche psychische Struktur zu haben wie ich, obwohl wir äußerlich nichts gemeinsam haben.

Vielleicht noch der Wunsch, die schönen langen Haare behalten zu dürfen, anstatt sie der Chemotherapie zu opfern.

Für das Wochenende kaufe ich mir einen bunten Tulpenstrauß.

Leuchtendes Gelb
Strahlendes Rot
Intensives Blau

Unterstützendes Grün
Ich habe das Gefühl, dass mich diese Farben heilen.

Was ist die Botschaft die mir der Bote (Krebs) gebracht hat?
So geht es nicht weiter!
Etwas muss sich ändern, und zwar schnell.
Diese permanente Anspannung, dieses lebenslange Leiden.
Diese Zurückhaltung, dieses Außenseiterdasein, nicht da sein, wo das Leben spielt.
Angst, dass ich nichts wert bin,
dass ich nicht gut genug bin,
dass ich nicht geliebt werde.
Das ist das Zentrale: Liebe suchen
Lebe ich mit Adama oder neben ihm?
Miteinander
in der Mitte sein
Krebs ist eine Krankheit der Mitte.
Auch körperlich fehlt bei mir die Mitte. Die unteren Rippen stoßen bei mir direkt an das Becken, es ist kein Zwischenraum vorhanden. Normalerweise hat die Taille zehn oder noch mehr Höhe. Bei mir ist nichts dergleichen vorhanden.
Ich möchte mit jemandem spazieren gehen, reden, lachen.
Adama geht am Samstag zum Salsa-Tanzen. Ich fühle mich so einsam. Ich will eine Freundin, mit der

ich alles, aber auch wirklich alles besprechen kann, die erst mal zuhört, bevor sie antwortet. Gibt es so jemanden?

Ich gehe auch raus, alleine spazieren, vorbei am Nachbarschaftshaus, ein Treffpunkt für alle im Kiez, dort schaue ich nach dem laufenden Programm. Es findet gerade ein Ball statt. Alles wird schön dekoriert. Vielleicht sollte ich doch einen Tanzkurs besuchen? Mein Problem ist, dass ich zwar nach Kontakt suche, aber doch ganz schnell wieder alleine sein möchte.

Körperlich geht es mir viel besser. Den Kopf kann ich wieder drehen.

Zwei schöne Märztage sind vorbei. Heute wieder kälter. Das stört mich aber nicht. Ich bringe die Wärme selbst hervor, die ich brauche.

Am Sonntag krame ich das zehn Jahre alte Mondbuch heraus. „Aus eigener Kraft" – Gesundsein und Gesundwerden in Harmonie mit Natur- und Mondrhythmen, von Johanna Paungger und Thomas Poppe. Die stillen Kräfte des Mondes faszinieren mich schon, seit ich von der Astrologie weiß, dass mein Sternzeichen Krebs vom Mond regiert wird.

Hier bekomme ich wichtige Hinweise auf Krebs als Strahlenkrankheit. Wer wirklich von Krebs geheilt werden will, muss seinen Schlafplatz untersuchen lassen auf Erdstrahlen, wird hier gesagt, und mit dem

Kopf nach Norden schlafen. Das habe ich früher immer gemacht, wieso bin ich davon abgekommen? Die Untersuchung der Verstrahlung kann ich mir nicht (noch nicht) leisten, das vergesse ich wieder. Aber eines merke ich mir: Keine OP bei zunehmendem Mond! Begründung: Alles, was man dem Körper in der zunehmenden Phase zufügt, verstärkt sich durch die Kräfte des Mondes. Wenn man etwas weg nimmt, so soll es in der abnehmenden Phase geschehen. Die Bauern und Gärtner wissen das noch. Alle Krebs-Chirurgen bräuchten normalerweise nur zwei Wochen im Monat zu arbeiten! Wenn sie nicht so dumm wären.
Und für mich als Krebsgeborene (16.07.) gilt außerdem: keine OP bei Mond im Krebs! Die anthroposophischen Ärzte werden das doch hoffentlich wissen und darauf Rücksicht nehmen?
Was ich noch erfahre: Auch eine Biopsie ist schon eine Operation!

Ich durchforste das gesamte Bücherregal zum Thema Heilung. Wegen meiner Armut konnte ich mir in den letzten zehn Jahren kein neues Buch kaufen. Das macht nichts, Krebs gibt es schließlich schon länger.

Spurensuche

Mir fielen Namen ein, die ich vor Jahrzehnten in der Presse oder im Fernsehen in Zusammenhang mit spektakulären Heilungen gehört hatte. Professor Hackethal, Professor Issels. Was ist aus diesen Leuten geworden, fragte ich mich.
Das Internet gab Auskunft:
Der Chirurg Prof. Hackethal lebte bis zu seinem Tode 1997 in Bayern am Chiemsee. Er hat 34 Bücher geschrieben, sein berühmtestes „Auf Messers Schneide", 1974. Trotz größter Anfeindungen von Seiten seiner Kollegen behielt er bis zum Ende seine Approbation.
In dem Vorwort zu „Keine Angst vor Krebs" schrieb Hackethal 1978: „Die allgemeine Angst vor Krebs ist unbegründet. Sie beruht auf Irrtümern und Lügen." Jede Krebstherapie sollte nach seiner Methode mit einem ausführlichen Gespräch beginnen. Zu einer Panikmache bestünde niemals Anlass, meinte er. Als zweites komme das Ausschalten der Ursachen, dann erst fange die Therapie an, die immer angenehm sein sollte, und das wichtigste, erst mal verreisen!
In einem Interview in der Illustrierten Quick 1978 sagte Prof. Hackethal u.a.: „Es gibt viele Beweise dafür, dass die Mediziner ihr Geschäft im Grunde nach den Regeln der sizilianischen Mafia betreiben."

Das gab mir zu denken, denn Prof. Hackethal war selbst 30 Jahre lang als Krebs-Chirurg tätig und hat wie er selbst in „Keine Angst vor Krebs" sagt, „mehrere tausend Operationen wegen Krebs gemacht". Da sprach offensichtlich ein Kenner des deutschen Medizinbetriebes, nicht etwa ein Außenstehender.

Was mir noch sympathisch ist: Er war skeptisch gegenüber Vorsorgemaßnahmen! In seinem Buch „Nachoperation", heißt ein Kapitel: „Selbstaufpassen statt Vorsorgeuntersuchung". Prof. Hackethal hat dieses Buch geschrieben, um zu prüfen, „ob Vorsorgeuntersuchungen eine geeignete Methode sind, um die Zahl der durch Krebskrankheit gequälten, verstümmelten und getöteten Menschen wesentlich herabzusetzen." Seine Antwort: „Vorsorgeuntersuchungen zur Früherkennung eines Krebses sind sinnlos. Sie gefährden den Betroffenen nur, nützen aber nichts."

Seine Theorie lautete: „Krebs ist nicht gleich Krebskrankheit." Das veranschaulichte er durch die Begriffe „Haustierkrebs" und „Raubtierkrebs", wobei der erste viel häufiger, aber harmlos sei und nur wenn er sich zu einem „Raubtierkrebs" entwickelt habe, behandlungsbedürftig sei. „Im Prinzip gilt Ähnliches wie für einen Haushund: Man kann ihm nicht ohne weiteres ansehen, ob er beißt."

Das war genau meine Befürchtung, als meine Frauenärztin mir versicherte, der Pathologe verstünde sein Handwerk. Wieso kann es trotz aller Vorsorgemaß-

nahmen, trotz der ausgefeiltesten Technik, trotz immensem Forschungsaufwand zu immer weiter ansteigenden Neuerkrankungen kommen? Wieso gibt es überhaupt noch Krebs? Wieso muss überhaupt noch jemand an Krebs sterben?
Solche wichtigen Fragen können dann die schlauen Schulmediziner nicht beantworten. Da zucken sie nur gelassen mit den Schultern. Das Jahreseinkommen eines Arztes wird ja dadurch nicht geringer, dass er seine Patienten anlügt oder ihnen eine Antwort vorenthält. Sie sollten doch einfach nur zugeben, dass sie es nicht wissen. Dann frage ich mich allerdings als Patient und Steuerzahler, als Mitfinanzierer des Gesundheitswesen: Warum wird mir 14% meines monatlichen Gehaltes zwangsweise abgezogen, das angeblich der Solidargemeinschaft zu Gute kommt? Ich bin auch ein Mitglied dieser Solidargemeinschaft und genau dieses Geld bräuchte ich jetzt so dringend für die Kräuter, für die vielen Bücher, für die Internetkosten und was sonst noch so auf mich zukommen wird, wenn ich die schulmedizinische Behandlung ablehne und mich statt dessen selbst heile.
Ein weiterer herausragender ganzheitlich denkender und handelnder Arzt war Dr. Josef Issels, der schon 1951 die Ringbergklinik in Rottach-Egern am Tegernsee gegründet hat. In seiner privaten Klinik entwickelte er das Programm einer komplexen immunologischen Behandlung, die ihm einen lawinenartigen

Zulauf an Patienten bescherte, die oft schon nach jahrelanger konventioneller vergeblicher Behandlung bei ihm einen Zufluchtsort fanden. Schon im Jahre 1953 gab er eine Informationsschrift heraus, mit dem Titel: „Grundlagen und Richtlinien für eine interne Krebstherapie". Er informierte die Öffentlichkeit und die Ärzteschaft, was natürlich zu großen Anfeindungen seitens seiner weniger erfolgreichen Kollegen führte. Die Hetzkampagne gipfelte in dem von dem damaligen Präsidenten der Bayerischen Ärztekammer Severing inszenierten sogenannten „Jahrhundertprozeß", der sich über vier Jahre durch mehrere Instanzen hinzog und mit der Schließung der Klinik endete. Zwar wurde Dr. Issels 1964 von allen Anklagepunkten freigesprochen, ging aber ermüdet vom Kampf gegen das Unverständnis der Schulmedizin Mitte der 80er Jahre ins Exil nach Amerika.

Dort konnte er weiter forschen. Bis kurz vor seinem Tode arbeitete er an der Gerson-Krebsklinik in Kalifornien. Seine „multifaktorielle immunologische Krebstherapie" zählt zu den anerkannten alternativen Behandlungsmethoden des National Institutes of Health, Washington.

Prof. Issels starb am 11.2.1998, wenige Wochen nach Vollendung des 90. Lebensjahres in Kalifornien, seinem Exil.

Er war als einer der ersten Mediziner der Auffassung, dass Krebs in allen seinen Erscheinungsformen eine

Erkrankung des ganzen Organismus sei, entstanden aus dem Zusammenwirken mannigfacher, den Menschen psychisch und physisch schädigenden Faktoren. Ein Heilerfolg könne sich nur nach Wiederherstellung eines geordneten Stoffwechsels und einer Aktivierung der körpereigenen Abwehr einstellen. Ansonsten würden auch die technisch perfektesten Methoden der Geschwulstbeseitigung unbefriedigend bleiben.

Tagebucheintrag vom 20.März 2004

Nach dieser Lektüre über zwei große Pioniere der deutschen Krebsmedizin bin ich noch wachsamer und empfindlicher geworden.
Ich bereite eine Check-Liste vor, was ich den Arzt oder die Ärztin alles fragen werde. Unterschied gutartig/bösartig, Was geschieht nach der OP? Geht es auch ohne OP? Operation nur bei abnehmendem Mond, das ist meiner größter Trumpf, darauf lassen die sich bestimmt nicht ein. Wie lange werde ich krank sein? Kann ich meine Arbeit überhaupt weiter ausüben? Welche alternativen Therapien bieten sie an? Kann ich diese Therapien auch ohne OP in Anspruch nehmen?
Diese Vorbereitung hilft mir, dem Termin gelassener entgegenzusehen.

Die Wende

Tagebucheintrag 23. März 2004.

Seit zwei Wochen kenne ich nun die Diagnose. Ich fühle mich sehr gut. Heute eine innerliche Wende. Plötzlich bekomme ich ein überwältigendes Gefühl von Heilung. Es ist, als ob ich von einem Heilstrom durchflossen werde oder mit einem unsichtbaren Schutzfilm überzogen werde. Ich rede mit Adama darüber. Er untersucht den Knoten und stellt fest: Er ist merklich kleiner geworden. Das gibt Hoffnung. Ich ernähre mich gut. Habe richtig Hunger und Appetit. Dieses Völlegefühl und der Druck unter dem Zwerchfell haben nachgelassen. Die Fettringe schmelzen langsam dahin. Auch die Aggressionen haben nachgelassen. Es scheint, als ob auch die Knie weiter besser werden.
Ich bin so dankbar.
Eine Bekannte (sie ist Ärztin) rief an und erzählte mir, sie habe im Urban-Krankenhaus angerufen, sozusagen von Arzt zu Arzt habe sie mit dem Professor gesprochen und sich informiert, was eine Tumorpatientin dort erwartet: Voller Entsetzen hörte ich, dass sie dort schon vor der OP Chemo geben, um den Knoten zu verkleinern! Sie gehen davon aus, dass ein Knoten dieser Größe schon metastasiert habe

und geben als erstes Chemotherapie, evtl. auch Bestrahlung, und danach kommt die Operation. Mir wird kotzübel, wie abschreckend, wie gut, dass ich nicht hingegangen bin. Sie machen wirklich, was sie wollen, ich kann mir nicht vorstellen, dass jede Frau mit dieser Behandlung einverstanden war.

Zweiter Traum – Nux vomica (1)

Tagebucheintrag 24. März 2004

Fühle mich wieder so unbeweglich. Was könnte ich noch tun? Schaue in den Spiegel und strecke mir die Zunge raus. Was für ein dicker Belag, hinten. Was könnte mir noch helfen? Schließlich nehme ich drei Kügelchen Nux vomica, (Brechnuss) C 6, das ich in meiner homöopathischen Vorratskammer finde. Nachts um ein Uhr wache ich auf, denke, ich muss zur Toilette, wie jede Nacht, stimmt aber nicht. Kein Harndrang. Bin völlig ausgetrocknet. Trinke erst mal Tee.

Traum:

> *Ich bin in einem Flugzeug, völlig orientierungslos, ich weiß nicht, wo ich mich hinsetzen soll, finde keinen Platz, klettere hier hin und dort hin, gehe herum und suche meinen Platz. Alle scheinen sich zu kennen, ich bin allein.*
> *Ich untersuche das Flugzeug. Alles so eng. Jeder Zentimeter ist genutzt. Gut durchdachte Planung. Bin in den unteren Etagen. Gehe wieder hoch. Finde nicht den richtigen Weg. Treffe andere, die genauso herumirren.*

Weiß nicht, wie ich da hineingekommen bin. Alle sind gelassen, fröhlich. Junge Leute, nur ich weiß nicht, wo ich hingehöre.
Es ist wie eine überdachte Stadt. Riesig groß. Die Sitze angeordnet wie im Kino oder Theater. Ich gehe ganz nach oben und wieder herunter. Einzelne Stühle sind noch frei, aber die gefallen mir nicht.
Raumschiff Erde. Von welchem Planeten stamme ich?

Ab dieser Nacht wache ich nicht mehr um zwei Uhr auf, wie es mein ganzes Leben lang geschehen ist. Ich muss nachts nicht mehr zur Toilette. Ein Wunder ist geschehen! Nach der chinesischen Medizin ist die Zeit von eins bis drei Uhr morgens von der Leber regiert. Und zu Leber gehört die Emotion Ärger. Da haben wir's. Das alles wusste ich theoretisch schon seit Jahren. Aber diese drei kleinen Kügelchen haben mir nun den Rest gegeben. Obwohl ich so viel trinke wie noch nie im meinem Leben, muss ich nachts nicht mehr zur Toilette.

Beschreibung der „Nux vomica (Brechnuss)-Persönlichkeit in meinem Homöopathieratgeber von Eric Meyer, „Das große Handbuch der Homöopathie":

„Ein ‚Nux-vomica-Mensch' ist ein hyperaktiver, empfindlicher und jähzorniger Mensch, der wegen nichtiger Anlässe wütend wird und bei jeder Unannehmlichkeit außer sich gerät. Er ist ferner penibel, eifersüchtig, herrisch und ungeduldig.

Er kann Schmerzen nicht gut ertragen und ist sehr empfindlich gegen äußere Einwirkungen wie etwa Lärm. Außerdem ist er sehr anfällig gegen Kälte und fürchtet sich vor Durchzug.

Körperlich ist der Verdauungstrakt sein Schwachpunkt: Oft hat er eine schlechte Verdauung, neigt zu Verstopfung, leidet häufig unter Hämorrhoiden oder Eingeweidebrüchen.

Darüber hinaus neigt dieser Mensch zu übermäßigem Essen, Alkohol- und Tabakkonsum und nimmt mit Vorliebe anregende Lebensmittel zu sich.

Nach dem Essen fühlt er sich übel und muss seine Kleidung lockern. In der Regel ist der hintere Teil seiner Zunge belegt. Das Aufstehen ist für den ‚Nux-vomica-Menschen' schwer: Muskelkater, schlechte Laune und Übelkeit begleiten ihn oft beim Erwachen."

Alle Symptome treffen auf mich zu, außer Tabak- und Alkoholkonsum.

Heilen als Ganztagsbeschäftigung

Tagebucheinträge 26./27. März 2005

Im Wesentlichen warte ich jetzt auf den Termin am Mittwoch nächster Woche. Dann muss die Entscheidung fallen, so oder so.

Mein typischer Tagesablauf sieht ungefähr so aus: Um fünf Uhr aufstehen, drei Stunden Arbeit, die glücklicherweise in den Ferien um die Hälfte verkürzt wird.

Neun Uhr Frühstück, das bedeutet Tee kochen, Tee trinken, zuerst Mund- und Zahnreinigung mit Sonnenblumenöl, eine Empfehlung der russischen Volksmedizin, heißes Bad mit Zinnkrautabsud, Schwedenkräuterauflage, vorher Ringelblumensalbe auftragen, oder Labkrautsalbe. Ruhen, wenns geht schwitzen. Spüren, was geschieht.

Tagesration Tee zubereiten. Eine richtige Rundum-Therapie. Von den ausgekochten Kräutern mache ich mir eine Auflage für meine überanstrengten Augen, danach füttere ich noch die Balkonpflanzen damit. Es gibt nichts Kleines. Alles wird gebraucht. Lesen, mailen, neue Bücher bestellen, (wann bekomme ich den Titel „Beste Kundin des Monats" bei amazon.de?), Tagebucheinträge.

Mittagessen nur für mich, Adama versorgt sich selbst. Wäsche, Geschirr, nur das Nötigste, das Wichtigste bin jetzt ich, alles andere kann warten.

Gespräche mit Adama. Täglich untersuchen wir zusammen den Knoten. Er wird jeden Tag kleiner, die Lymphknotenschwellung fast ganz weg. Ich wünsche mir ganz fest, dass er vor dem Termin noch kleiner wird, damit ich den Arzt überzeugen kann, dass ich keine OP brauche.

Lese in dem anthroposophischen Buch: „Die Seele als Brücke zwischen dem Körper und dem Geist ist beim Krebskranken schon lange gestört, bevor die Krankheit erkannt wird". Kein Ausgleich zwischen Geben und Nehmen. Das gibt mir zu denken. Ich hoffe, dass der Arzt, der mich untersuchen wird, das Buch auch gelesen hat. Oder kann er mit einer Operation die Brücke zwischen Geben und Nehmen wiederherstellen?

Das Buch von Gisela Friebel-Röhring „Ich habe Krebs, Na und?" ist angekommen. Lese es sofort von vorne bis hinten durch. Diese Frau hat die selben Kräuter genommen wie ich, und sie haben ihr auch geholfen. Trotzdem begab sie sich auch in ärztliche Behandlung, was sie kurze Zeit später aber sehr bereute. Ich bin nach ihrer Schilderung so entsetzt, was die Ärzte für Verbrecher sind. Man könnte meinen, dass die Krebsforschung inzwischen weitergekommen ist, bei dem vielen Geld, was sie verschlin

gen. Dem ist aber nicht so. Ich stehe vor der selben Situation wie Frau Friebel-Röhrig vor zwanzig Jahren: Keine Aufklärung, Ablehnung alternativer Heilungsverfahren. Was passiert genau mit diesen Millionenspenden? Wieso fragt niemand danach? Wieso fragen wir nicht die Politiker danach, bevor wir zur Wahl gehen?
Wir gehen ja gar nicht mehr wählen.

Tag X

Tagebucheintrag 31. März 2004

Ich kann mir die Situation nach dem Termin noch nicht vorstellen. Ich sehe nur eine dunkle Wand. Ich gehe hauptsächlich deshalb hin, weil ich psychische Hilfe brauche, aber keine OP, bitte! Und auch keine Biopsie. Wenn sie nicht in der Lage sind, zwischen gut- und bösartig zu unterscheiden, ohne im Gewebe herum zu stochern, sollten sie es sein lassen. Meiner Meinung nach gibt es keinen Unterschied. Wie kann eine Zelle bösartig sein? Sie hat sich entschieden sich immer weiter zu teilen, und sie kann sich auch jederzeit wieder anders entscheiden, warum nicht? Vielleicht genau in dem Moment, wo der Pathologe durchs Mikroskop schaut, hört sie auf, sich zu teilen, schon gibt es eine Fehldiagnose. So eine Zelle ist ja auch intelligent, manchmal intelligenter als ein ganzer Mensch.
Mein letzter Trumpf, wenn sie mir dämlich kommen, ist die Forderung, keine OP bei zunehmendem Mond. (Es ist gerade zunehmender Mond, und nächste Woche ist Ostern) Besser wäre, gleich mit dem Leierspielen anzufangen. Das Instrument der Mitte. Es wird mit beiden Händen gespielt und in Brusthöhe gehalten. Vielleicht entsteht ein Moment des Glücks, Herz verbindet sich mit Kopf, die Brü-

cke zwischen Geben und Nehmen schließt sich wieder.

Die chinesischen Kräuter sind aufgebraucht, die Krankengymnastik zu Ende. Die erste Phase meiner Selbstheilung ist abgeschlossen, wie geht es weiter?
Gestern abend habe ich zum ersten Mal wieder für Adama gekocht, Liebe geht ja bekanntlich durch den Magen. Vielleicht ein letzter Versuch, ihm noch einmal nahe zu kommen, falls ich doch nicht mehr lebendig aus der Klinik komme. Mit einem Glas Bio-Apfelsaft habe ich ihn begrüßt, als er von der Arbeit nach Hause kam und ihn dazu gebracht, dass er nicht nur „Danke schön", sondern auch „Ich liebe dich", sagt. Mit ein paar schönen Worten ist das Leben doch schöner. Es muss ja nicht hundertprozentig stimmen, Gefühle ändern sich.
War das das letzte Abendmahl? Wieder kommen mir Zweifel, ob ich mich nicht doch den Ärzten einfach hingeben soll, einfach hingehen und sie machen mich wieder gesund. Doch ich weiß: Kein Arzt kann mich heilen, ich kann mich nur selbst heilen. Wenn nicht, nun auch gut, wir müssen alle irgendwann sterben. Es gibt ja wenigstens eine Ärztin, die zugegeben hat, dass noch nie ein Arzt jemanden geheilt hat. Das ist die Amerikanerin Marlo Morgan, die mit den Eingeborenen Australiens drei Monate durch das Out-

back gewandert ist und einsehen musste, dass man mit Stöckelschuhen und Scheckkarte nicht überall auf der Welt leben kann. Marlo Morgan ist Ärztin. Das Buch heißt: „Traumfänger". Sie wurde von der amerikanischen Ärzteschaft öffentlich fertiggemacht, indem man behauptet hat, sie wäre gar nicht in Australien gewesen und hätte sich alles nur ausgedacht.
Hoffentlich wird man von mir nicht auch sagen, ich wäre gar nicht krank gewesen. Vorsorglich deponiere ich die ärztlichen Befunde an einem sicheren Ort. Ärzte können bestenfalls helfen, aber nicht heilen. In vielen Fällen sind sie wohl eher die hilflosen Helfer.

Am Morgen des Tag X ging ich früh noch zur Arbeit. Der Termin war um 15.00 Uhr. Ich legte Adama einen Zettel auf den Küchentisch, mit der Adresse und der Telefonnummer des Krankenhaus. Ich fantasierte, was alles geschehen könnte. Meine Wut war so groß, dass ich mir vorstellte, sie würden mich gleich zwangsoperieren, wenn ich nicht gehorsam sei. Solche Fantasien hatte ich. Deshalb sollte Adama wissen, wo ich bin, falls ich am Abend nicht zu Hause sei.
Das Krankenhaus war schön gelegen, außerhalb der Stadt, im Grünen, aber leider ist es im März ja noch nicht grün. Die Einrichtung hat mich positiv über-

rascht. Die Wände in Pastellfarben gestrichen, jeder Raum anders. Der Empfang sehr freundlich, liebliche Dekoration überall. Dann das Warten. Ich glaube, es waren zwei Stunden. Dann endlich kam der Doktor. Auch sehr freundlich. Das anthroposophische Weltbild scheint doch zu funktionieren.
Ich gab ihm die Einweisung. Gleich kamen die Vorwürfe, das sei ja schon so lange her, dass ich die Diagnose kenne. Ich sagte ihm, dass ich mich in gutem Vertrauen an die Anthroposophen wende, da ich mir hier eine echte Hilfe erwarte und Zweifel an einer OP habe. Bisher hätte mir niemand meine Fragen zufriedenstellend beantwortet. Ich zeigte ihm auch das Buch mit der Leier spielenden Frau, kein Interesse. Nun holt er aus, zählt alles auf, was er für mich tun könnte. Aber an einer Operation käme ich nicht vorbei. Das sei das erste. Die anderen Therapien kommen danach. Genau das war es, was ich nicht hören wollte. Ich wollte doch nur die Therapien, ohne OP. Ich sagte ihm, dass es auch biologische Möglichkeiten gäbe, daraufhin meinte er ungehalten, er könne mir ernsthaft niemanden in Berlin empfehlen, der ohne OP behandeln würde. Das ließ mich aufhorchen, denn er sagte Berlin. Das bedeutete, er glaubte auch, dass es jemanden gab, aber nicht in Berlin!
Bevor er mit der Untersuchung begann, stutzte er noch wegen der grünen Farbe auf der linken Brust.

„Moment mal", sagte er, „Sie haben da doch nicht von außen etwas aufgetragen?"
„Doch, Labkrautsalbe", sagte ich bestimmt.
Er stand auf, ließ mich mit nackter Brust auf der Liege sitzen und rannte hin und her, ich weiß nicht, warum er so außer Fassung geraten war.
„Sie glauben doch nicht im Ernst, dass Sie damit etwas erreichen können?"
Ich sagte nichts. Wenn er so leicht die Kontrolle verlor, musste ich vorsichtig sein, sonst würde ich hier nicht lebendig raus kommen. Ich hätte ihm erklären können, dass die Labkrautsalbe nach der Behandlung mit Schwedenkräutern aufgetragen werden muss, um die Haut zu schonen, denn diese Kräutertinktur ist sehr wirksam, sonst könne sie ja den Krebs nicht beseitigen.
Bei der Untersuchung merkte ich, wie er sich freute, als er den Knoten gefunden hatte. Als hätte er einen Goldklumpen gefunden! Er befand, (die Ärzte mit ihren Befunden) dass der Knoten ca. 3 cm groß wäre. Ich denke zwar, dass diese Größenangabe zweifelhaft war, wenn sie aber stimmte, war der Knoten einen Zentimeter kleiner geworden, in nur drei Wochen!
Es war bei mir auch nicht ein Knoten. Was ich am Ultraschallbild sah, waren drei kleine, miteinander verbundene Knollen, die die Form eines dreiblättrigen Blütenblattes hatten, oder sah es aus wie drei Finger

eines Embryo? Auch eine Ingwerknolle hat damit Ähnlichkeit.

Auf meine sorgenvolle Frage, ob eine Biopsie nicht die Krebszellen aktivieren und Metastasen erzeugen könne, reagierte er stereotyp. „Dafür gibt es keine Beweise." Dies wurde sein Standardsatz in der folgenden Unterhaltung. „Es gibt Frauen, die ihren Krebs nur mit Kräutern geheilt haben", sagte ich.

„Dafür gibt es keine Beweise", sagte er. Der lebende Beweis saß vor ihm, er selbst hatte vor einer Minute bestätigt, dass der Knoten kleiner geworden sei. Was soll das? Von Aufklärung vor einer Operation war hier nichts zu spüren. Auf die Frage, wie lange ich krankgeschrieben sein werde, nur Schulterzucken: „Das ist ganz individuell."

Er erzählte dasselbe wie die anderen drei Ärzte vor ihm. Es muss alles schnell gehen, er ist der Experte, es gibt keine Alternativen. Die einzige biologische Methode, die er akzeptiert, ist die Misteltherapie, die könne ich bei ihnen in der Klinik bekommen – nach der OP wohlgemerkt. Er drängte mich zu einem Termin für die Biopsie, denn ich hätte ja schon genug Zeit vertan, es ginge schließlich um eine lebensgefährliche Krankheit. „Wozu diese Panik, diese Angstmache?" fragte ich. „Das ist doch für einen kranken Menschen nicht gut."

Ich nannte schließlich ein Datum einige Tage später, damit ich endlich gehen konnte. Zuerst dachte ich ja noch, das wäre die Angst vor dem eigenen Tod, die die Mediziner zu dieser Panik treibt. Später wurde mir klar, es geht ums Geld. Er hat Angst, dass ihm das Schnäppchen davonrennt. Nun begriff ich endgültig: Anthroposophische Ärzte sind auch nur Ärzte.

Beim Rausgehen fragte ich ihn noch, ob er auch Chirurg sei. Er sei Frauenarzt, Chirurg und Oberarzt betonte er voller Stolz. Nun wusste ich: Er würde mich operieren, falls ich zum Termin erscheinen sollte. „Darauf kannst du lange warten, du überheblicher Oberarsch", dachte ich und verließ mit weichen Knien das Gebäude. Erst als ich draußen war, merkte ich, wie es mich mitgenommen hatte. Ich zitterte am ganzen Körper, Übelkeit befiehl mich. Langsam ging ich zur Bushaltestelle und wählte auf dem Handy die Nummer von Adama. Ich sagte ihm, dass ich „raus bin und bald nach Hause komme."

Adama hatte liebevoll für mich gekocht, es war so schön, wieder zu Hause zu sein. „Wie ist es gelaufen?", fragte er mich beim Essen. Es gab wieder Erdnusscreme-Sauce mit Spinat und geräuchertem Fisch aus Ghana, dazu Reis und zum Nachtisch frische Ananas aus Elfenbeinküste.

Nachdem ich mich etwas gestärkt hatte, legte ich los. „Stell dir vor, was das für ein komischer Arzt ist, das kannst du vergessen, komm, ich zeig dir mal, wie er mich untersucht hat."

Ich imitierte etwas übertrieben den Arzt, schob seine Knie zusammen, klemmte seine Beine zwischen meine.

„Dann griff er sich die Brust, und grinste bis hinter beide Ohren, als er den Knoten gefunden hatte, als hätte er gerade Amerika entdeckt. So was Kindisches von Arzt hab ich noch nie gesehen. Dabei hat er auf dem Röntgenbild schon gesehen, wo der Knoten sitzt."

„Er fand dich sexy."

„Wie kann das gehen, eine alte, krebskranke Frau, die mehr tot als lebendig ist?" fragte ich. „Hier ist seine Visitenkarte, du kannst ihn anrufen und selbst fragen, wenn du mir nicht glaubst. Er wollte mich sofort operieren, zwischendurch rieb er sich immer wieder die Hände, so". Ich rieb also auch meine Hände gegeneinander, wie jemand, der eine Sache gleich in Angriff nehmen will. „Das Thema Arzt ist abgehakt, glaub mir."

Er schaute mich ungläubig an: „Kühl dein Herz, es gibt immer eine Lösung", sagte er fast zärtlich.

Am nächsten Tag rief ich die chinesische Kräuterfrau an und sagte ihr, dass die Kräuter geholfen haben, jetzt aber zu Ende seien und dass der Arzt bestätigt habe, dass der Knoten kleiner geworden ist. Sie freute sich so sehr, dass sie ganz laut am Telefon zu lachen anfing, ich lachte gleich mit. Lachen ist doch die beste Medizin. Sie verschrieb mir noch mal dieselben Kräuter, diesmal die doppelte Menge.

Die Entscheidung ist gefallen

Nun war ich fest entschlossen, die Heilung selbst in die Hand zu nehmen. Wenn es sein muss, kündige ich die Arbeit, reise nach Australien, Indien oder Afrika, schreibe ein Buch, oder mache irgend etwas anderes, redete ich mir selbst gut zu. Zuerst dachte ich noch daran, Bluttests machen zu lassen, Leberwerte, Nierenwerte, Säure-Basengleichgewicht, usw., also die biologischen Methoden, über die ich ausführlich in dem Buch „Biologische Heilmethoden bei Krebs" von Dr. W. Blumenschein, gelesen hatte. Das würde aber bedeuten, dass ich wieder zu einem Arzt oder Heilpraktiker gehen müsste. Das erste wollte ich nicht mehr, das zweite konnte teuer werden. Außerdem missfällt mir dieses Rumkramen in den Zellen, im Mikrobereich. Ich bin keine Mikrobe, ich bin ein Mensch.

Dr. Blumenschein ist auch Heilpraktiker und hat eine Naturheilkundepraxis in Süddeutschland, in der er sehr erfolgreich die von anderen Ärzten als unheilbar abgestempelten Patienten heilt. Seine Veröffentlichung stammt allerdings aus den 80er Jahren. Es scheint mir überhaupt so zu sein, dass alle guten Ansätze in den 80ern stecken geblieben sind. Danach ging es irgendwie bergab mit der Welt.

Jetzt fing Phase zwei meiner Selbstheilung an.

Zur Absicherung meiner neuen Strategie machte ich noch mal eine Telefonbefragung bei der Ärztin, die schon für mich im Urban-Krankenhaus angerufen hatte. Sie meinte, wenn ich mich nur an die chinesische Kräutertherapie halte, brauche ich diese Blutwerte nicht. Damit war auch dieses Thema erledigt. Damit ist auch klar, dass es auch positive Beispiele unter den Ärzten gibt, dass ich nicht alle über einen Kamm schere, auch wenn es manchmal danach aussieht. Dieses Überzogene, Aggressive ist Teil der Krankheit, das berichten auch andere Krebspatienten. Es ist eine Berg- und Talfahrt der Gefühle. Das sind die Begleitumstände, wenn es um Leben und Tod geht.

Eine andere Bekannte empfahl mir eine indianische Medizin, die alle schweren Krankheiten heilt. Sie wird als Flor Essence vermarktet, und darf nicht als Krebsmedizin gekennzeichnet werden, da ist die internationale Ärzteschaft dagegen. Jede Kultur, jedes Volk hat seine Medizin. In Indien heilt man viel mit Urintherapie, und natürlich auch mit Kräutern, das ist ja überhaupt das natürlichste.

Tagebucheintrag 3.April 2004

Nie wieder Arzt, was für eine Erleichterung!
Was wollen diese weißen Halbaffen?
Ich bin sicher, dass es einen sanften Weg gibt.
Da ginge ich ja noch lieber zu einem philippinischen Heiler als zu einem deutschen Chirurgen. Diese Behandlung ist ja schlimmer als die Krankheit.

Dritter Traum – Nux vomica (2)

Um mich wieder zu stärken und von dem ganzen Ärztequatsch zu reinigen, nehme ich nochmal drei Kügelchen Nux vomica.

Wieder einen Traum:

> *Ich mache Reinigung in einem Haus. An eine bestimmte Stelle, ganz oben, komme ich nicht so ohne weiteres ran. Ich will es erst mal wegschieben. Doch dann kommt die Sekretärin und sagt: „Wenn Sie es nicht machen, mache ich es, aber das kommt Sie teuer zu stehen. Das ist eine Warnung."*
> *Ich muss eine Leiter holen, die im Keller ist. Ich gehe nach unten. Unterwegs spiele ich mit einem Kleinkind. Das macht Spaß.*
> *Auch hier geht es wieder wie im ersten Nux vomica Traum um ganz oben und ganz unten. Was mir fehlt, ist die Mitte.*

Montag früh geht es mir wieder besser. Lese jetzt intensiver, suche weiter nach Heilung, denn die chinesischen Kräuter brauchen wieder eine Woche, bis sie aus Amsterdam eintreffen. Die Kräutertees nach Maria Treben trinke ich weiter. Was habe ich bloß den ganzen Tag getrunken? Nur Kaffee?

Ich muss ehrlich gestehen, dass ich das Kaffeetrinken bis jetzt noch nicht abstellen konnte. Ich habe es aber eingeschränkt. Nur an wenigen Tagen schaffe ich es, morgens ohne Kaffee zu arbeiten.

Ich habe das Bedürfnis, mich noch gründlicher zu reinigen. Der Bauch fühlt sich so gestaut an. Zufällig fällt mir eine Annonce über Colon-Hydro-Therapie in die Hand. Das ist eine gründliche Darmreinigung mit warmen und kaltem Wasser und mit Bauchmassage. Ich fühle, dass mein Verdauungstrakt immer noch so blockiert ist, so undurchlässig. Vielleicht hilft das ja. Zuerst muss das System von Grund auf gereinigt werden, bevor ich in den Aufbau investiere. Denn der Tod sitzt im Darm, das ist doch eine alte Weisheit. Es ist bestimmt kein Zufall, dass mir diese Annonce gerade jetzt zufliegt. Dieser Spass wird allerdings teuer. Pro Sitzung 73 Euro. Sechs Termine sollte man rechnen, für eine komplette Darmsanierung.
Ich brauche eine 200prozentige Gehaltserhöhung! Das wird wohl nichts, also mache ich für mich einen Kompromiss, und mache erst mal zwei Termine.

Die Suche geht weiter

Dieses Buch des schon erwähnten anthroposophischen Autors Hans-Richard Heiligtag sagt wirklich alles über neue Erkenntnisse in der Krebsmedizin, wieso wird dieses Wissen in der Praxis nicht angewandt?
Krebs ist keine böse Krankheit, wie die Ärzte sagen; Die Patienten selber sehen es eher als Chance, für die sie im Nachhinein dankbar sind.
Krebs ist auch eine soziale Krankheit. Die Menschen leiden an sozialer Kälte. Die Überproduktion, das Wachstum ohne Grenzen ist ein soziales Karzinom, sagte Rudolf Steiner.
Krebs ist auch eine geistige, eine kosmische Krankheit. Der Faschismus des letzten Jahrhunderts war dieses kosmische Karzinom. Die Anthroposophen wissen auch, wie lange diese Krankheit noch auf der Erde existieren wird. In den nächsten Jahren wird sie noch zunehmen. Das bestätigen auch die Statistiken. Brustkrebs nimmt weiter zu, genau wie Darmkrebs. Dies alles zu wissen, ist doch beruhigend. Man fühlt sich dann nicht so alleine. Was ist die Lektion, die wir als Menschheit zu lernen haben? Es muss eine Antwort geben.
Rudolf Steiner sagt, das Ich wird durch die Krankheit wachgerufen, das Erringen einer neuen Freiheit ist anzustreben. Es ist eine Revolution der physischen Kräfte.

Die Pflege des Krebspatienen muss deshalb eine andere sein. Sie soll eine schützende Hülle sein, innerhalb derer die Patienten eine Neuorientierung wagen sollen. Gesunde Ernährung wird empfohlen, nach dem biologisch-dynamischen Landbau (Demeter), Biographiearbeit hilft die Rhythmen im eigenen Leben zu erkennen, künstlerische Therapien appellieren an die Eigeninitiative des Patienten.
Ja, zur Eigeninitiative bin ich bereit, das habe ich doch bewiesen. Wieso bekomme ich diese Pflege nicht?
Herr Heiligtag sagt auch nichts darüber, dass eine Operation unbedingt nötig ist. Mein Eindruck ist, er will Patienten ermutigen, Angst zu überwinden, selbst tätig zu werden, um den Halbwahrheiten, Vorurteilen besser begegnen zu können, die einem Patienten so begegnen können. Das ist gut und schön, aber ich finde, auch die behandelnden Ärzte, vor allem die anthroposophischen, wenn sie sich schon so nennen wollen, sollten informiert werden, nicht nur die Patienten.
Der Autor spricht dann noch über die künstlerischen Therapien, die dasselbe erreichen sollen wie die Mistel als Medikament. Die im „Prozess des Krebsgeschehens sichtbar werdende Zerrissenheit" soll durch die Aufmerksamkeit auf das künstlerische Tun rückgängig gemacht werden. Die „Schwächung des menschlichen Gefüges erfährt eine Stärkung". Fünf

Künste stehen in zur Therapie entwickelten Form zur Verfügung:

Plastizieren – ein Wechselspiel zwischen fester Form und Bewegung

Malen – die seelische Qualität des Farbigen in das flüssig fließende Element hineinführen

Musik – die Musik ergreift ganz direkt unser Seelisches. Die mathematische Gesetzmäßigkeit zeigt uns, dass sie aus geistigen Quellen geschöpft ist.

Sprachgestaltung – Wer Sprachgestaltung ausübt, erfährt eine Kräftigung seines Wesenskernes, seines Ichs.

Eurythmie – eine Zusammenfassung der vier Künste führt zur Heileurhythmie. Durch geordnete Bewegungen wird der Mensch zum Plastiker am eigenen Körper. Die Farbigkeit der Seele wird durch sie geweckt und das musikalische und sprachliche Erleben vertieft. Auch vermittelt uns die Eurythmie eine Empfindung von etwas Zukünftigem, das in dieser Kunst dem Menschen keimhaft aus höheren Sphären entgegenkommt.

Die anthroposophische Pflege umfasst auch Einreibungen, Wickel und Auflagen, die den Wärmeorganismus des Menschen stärken. Was ich mir für mich raussuche, ist Kupfersalbe, die auf die Fußsohlen aufgetragen, den ganzen Körper durchwärmt, so die Aussage der anthroposophischen Medizin. Kupfer wird ja seit alters her mit dem Planeten Venus assoziiert und Venus wird mit Liebe assoziiert, womit wir

mal wieder beim Thema sind. Bei diesem Thema wird es einem doch automatisch warm ums Herz. Damit schließt sich wieder ein Kreis, und das bedeutet Heilung. Deshalb sind auch Pillen, Tabletten rund. Oder haben Sie schon mal eine dreieckige Tablette gesehen?
Mehr bringen mir all diese schönen geisteswissenschaftlichen Erkenntnisse nicht, denn für mehr reicht mein kleines Putzfrauengehalt leider nicht. Die Beiträge zu meiner Krankenversicherung, die ohne meinen Willen Monat für Monat eingezogen werden, kommen mir nicht zu gute. Schade eigentlich. Davon könnte ich mir doch auch eine komfortable Behandlung in einer Luxusklinik in der Schweiz leisten, da es ja nun mal in Berlin nicht möglich ist. Berlin kennt keinen Luxus.

Tagebucheintrag 4.April 2004

Die schwarze Wand ist nun durchbrochen. Ich weiß jetzt, wie's weitergeht. Jeden Tag gehe ich ein Stückchen weiter auf meinem persönlichen Heilsweg. Meine Osterferien sind gerettet. Statt im Krankenhaus zu liegen, gehe ich schön spazieren, genieße den kommenden Frühling.
Ich suche verstärkt nach immunstärkenden, krebshemmenden Nahrungsmitteln. Eine Flasche Rote Beete Saft aus dem Bioladen, das ist köstlicher als

Rotwein, Avocados, Ananas, frische Keime dazu. Ich mache wieder Yoga und Dehnübungen nach der chinesischen Medizin, die ich wegen der Knieverletzung fast zwei Jahre lang nicht machen konnte.
Trotzdem fehlt mir noch etwas, körperlich und seelisch.
Adama scheint mir schon wieder so weit weg. Ich sehe es ganz deutlich: Wenn etwas geschehen soll, muss ich es selbst in Angriff nehmen, sonst passiert nichts. Nach dem Mittagessen – das ist eine Zeit, die wir noch zusammen verbringen – bitte ich ihn, mir die Füße zu massieren.
„Ich hab jetzt keine Zeit", gibt er müde von sich.
„Abends hast du doch erst recht keine Zeit", fauche ich zurück. Damit spiele ich auf die Abende an, die er bei einer seiner Geliebten verbringt. „Dann kann ich auch gleich die Scheidung beantragen".
Widerwillig streicht er ein paar Mal über die Fußsohlen, das ist nicht genau, was ich mir vorgestellt hatte. Etwas mehr Einfühlungsvermögen wäre schön.
Am Sonntag geht er dann freiwillig mit mir in den Britzer Garten. Die ersten Frühlingsblumen sind schon zu sehen. Der Rasen zeigt schon ein leichtes Grün, das heitere Trällern der Singvögel stimmt mich zuversichtlich. Zum ersten Mal in meinem Leben sehe ich ein Schwanennest. Ich dachte immer, die brüten außerhalb Deutschlands. Wir laufen, bis ich meine Knie spüre, aber es war toll. Zum Abschluss

bekomme ich noch eine Einladung von ihm ins Kino zu Ostern. Nicht schlecht, er bessert sich.

Als ich am Montag nach den Ferien zur Arbeit kam, traf ich als erstes den Chef. Er fragte mich in einem halb mitleidigen, halb strengen Ton, ob er noch jemand zusätzlich einstellen sollte. Ich sagte, soweit sei es noch nicht, ich würde ihm aber rechtzeitig Bescheid geben. Es fiel mir gewiss nicht leicht, so cool zu reagieren, doch ich wollte auf jeden Fall meinen Job behalten, auch wenn die Arbeit als Putzfrau nicht gerade den besten Ruf hat, ich weiß, was ich tue. Ab diesem Tag hatte ich wieder volle Arbeitszeit. Es strengte mich schon ganz schön an. Ich legte immer wieder Pausen ein, und so gelang es mir trotzdem, über die Runden zu kommen.

Meine Heilung ist das Wichtigste. Sollte es nötig sein, die Arbeit hinzuschmeißen, auch gut. Aber so lange es geht, will ich durchhalten. Wie sollte ich sonst die ganzen Therapien finanzieren?

Was ich an diesem Tag noch zu erledigen hatte, war der Anruf in der Klinik, Termin absagen. Ich zitterte innerlich ganz schön, was sollte ich dem Oberarzt sagen? Das Schicksal kam mir auch hier zu Hilfe: Es ging kurz und schmerzlos. Ich musste gar nicht mit dem Arzt sprechen, die Aufnahme meinte nur, ob ich mir das gut überlegt hätte, ich sagte „Ja" und legte auf. Ein Stein fiel mir vom Herzen.

Katz- und Maus- Spiel

Ich traute meinen Ohren nicht, als am Mittwoch der Oberarzt bei mir zu Hause anrief. Warum ich nicht gekommen sei, wollte er wissen. Ich hätte ihm doch versprochen zu kommen. Wie bitte, das klingt wie ein Eheversprechen, ist der noch ganz dicht? Er bat mich inständig, doch zu kommen. Er fing wieder an mit Panikmache, es wäre schon fast zu spät. Jetzt muss der schon um jede Patientin betteln, dachte ich mir. Ich sagte ihm klipp und klar, dass er mich nicht überzeugt habe. Da hätte ich von der Antroposophie wohl zu viel erwartet, meinte er. „Da haben Sie wohl recht", sagte ich. So ging es hin und her, bis ich ihm sagte, dass ich unter keinen Umständen kommen werde. Ich vertraue auf die Kraft der Kräuter. Das fand er lächerlich. Außerdem würde ich bald nach Australien verreisen, und könnte schon deshalb nicht kommen. Da war er einen kleinen Moment ruhig, immerhin. Ich bat ihn, eine Einschätzung zu geben, wie lange ich wohl krankgeschrieben sein würde, er meinte, bestimmt ein dreiviertel Jahr!
Um ihn endlich los zu werden, sagte ich, „Ich komme nicht, im Krankenhaus wird man krank, das sagt ja schon das Wort." Da wurde er richtig böse: „Wenn Sie das glauben, dann sind Sie wirklich krank".

Ich bedankte mich und legte auf. Sollte er mich ruhig für geisteskrank halten. Hauptsache, er ließ mich endlich in Ruhe.

Ich war den ganzen Tag außer mir. Was mache ich, wenn dieser tolldreiste Arzt noch öfters bei mir zu Hause anruft? Es hat noch nie ein Arzt bei mir zu Hause angerufen. Und das ist gut so.

Am Samstag vor Ostern sprachen wir beim Frühstück nochmal über den aufdringlichen Oberarzt. Das ganze Hin und Her schien ein richtiges Katz- und Maus-Spiel zu sein. Nach dem Motto: „Kommen Sie doch, ich tu Ihnen nichts Böses". Doch ich ging einfach nicht hin. Wenn er anders reagiert hätte, mehr Ahnung davon gehabt hätte, was in einer krebskranken Frau vorgeht und nicht so ablehnend auf meine Kräuterversuche reagiert hätte, wäre ich vielleicht geblieben. Ich brauchte schließlich dringend Pflege.

Als ich am nächsten Tag zur Arbeit kam, traf ich die Frau vom Chef. Sie fragte mich, wie es geht. Ich sagte ganz offensiv: „Sehr gut, ich lasse mich nicht operieren". Daraufhin mussten wir beide lachen. Sie hat mir das abgenommen! Lachen ist so gesund! Ich sah von einem Tag auf den anderen wie verwandelt aus.

Bei meinen weiteren Recherchen las ich im Internet einen toll-traurigen Spruch eines berühmten französischen Krebsforschers: „Alles was wir über Krebs wissen, passt auf eine Visitenkarte". Das war das Resultat des letzten internationalen Forscherkongresses. Ist das nicht eine Bankrotterklärung?

Tagebucheintrag Ostersonntag 2004

Der Halbmond steht wie eine abgebrochene Riesenoblade im Südhimmel. Fühle mich innerlich zufriedener. Wünsche mir aber noch mehr Gelassenheit. Der Knoten ist viel kleiner geworden. Spätvormittags Anruf von Adama: Er kommt später, mit dem versprochenen Kino wird nichts.

Nachdem ich realisiert hatte, was es bedeutete, wieder einmal enttäuscht zu werden, wieder hintenan stehen zu müssen, wo ich doch seine Frau war und jede andere nur eine von vielen, traf ich blitzartig eine folgenschwere Entscheidung. Ich hatte es satt, jedes Wochenende in dieser Trauer zu verbringen. Diese Hinhaltetaktik hatte ich lange genug ertragen.

Durch einen Zufall hatte ich tags zuvor die Telefonnummer seiner Freundin bekommen. Es gibt keinen Zufall, sagte ich mir, rief an und *sie* war dran. Sie gab mir Adama. Ich wollte nicht lange fackeln, sondern diesmal wirklich ernst machen. Ich sagte kurz und knapp: „Es reicht, ich habe die Nase voll, du kannst bis Ende des Jahres ausziehen".

„Warte, ich komme!" hörte ich ihn noch sagen, dann legte ich auf.

Danach ging es mir super, eine Befreiung. Keine Demütigung mehr, keine leeren Versprechen. Auch das ist Reinigung. Keine faulen Kompromisse mehr.

Der Rest des Tages war eine Katastrophe. Adama kam sofort nach Hause. Daran konnte ich sehen, dass ich ihm noch etwas bedeutete. Ich kotzte ihm noch mal alles vor. Zum Schluss waren wir beide fertig mit der Welt. So konnte es nicht weiter gehen. Er hatte auch keine Ideen mehr, nur Kopfschmerzen.

Fast jeder Sonntag verlief so. Das musste anders werden. Zur Versöhnung kaufte ich einen Tulpenstrauß, schrieb eine schöne Karte und stellte alles auf seinen Tisch. Geteiltes Leid ist halbes Leid, geteilte Freude ist doppelte Freude.

Die Auferstehung

Tagebucheintrag Ostermontag 2004

Ich will alleine wohnen, wollte ich schon lange. Oder mit einer Frau zusammen? Stelle mir vor, welche Annonce ich aufgebe: „Suche Mitbewohnerin, sonniges, billiges Zimmer in Top-Lage an ruhige Frau um die fünfzig, bin Schriftstellerin".
Was gestern geschehen ist, darf sich nicht wiederholen. Ich mache einen Spaziergang. Gehe total aufrecht. Atme ruhig durch. Schaue geradeaus. Einfach nur Gehen, sonst nichts. Konzentriere meine Gedanken auf einen Punkt.
Wie ich da so gehe, sehe ich plötzlich Lord Krishna vor mir, die höchste Form der Liebe in der indischen Mythologie, als filigranes ätherisches Bild, direkt vor mir. Er spielt auf seiner transzendentalen Flöte. Er ist immer bei mir, in jedem Lebewesen. Ich bin so glücklich. Ich brauche die Liebe nicht mehr zu suchen. Sie ist immer da.
Ich gehe an der evangelischen Kirche vorbei. Es ist ein sehr schönes Backsteingebäude, vor einigen Jahren aufwändig restauriert, mit sehr guter Akustik. Aufgänge links und rechts führen zu einer Empore, von wo man auf das Kirchenschiff hinunterblicken kann. Dort suche ich mir einen Sitzplatz. Es gibt ein kostenloses Konzert von einer Gruppe mit dem

Namen „Atlantis". Sie singen hauptsächlich Liebeslieder. Mehr oder weniger landen sie immer wieder bei diesem Thema.

Ich betrachte die Leute von oben. Alle sehen irgendwie so bedürftig aus, so angespannt und verschlossen. Was haben sie wohl gestern erlebt? Nach und nach tauen viele auf. Manche nehmen ihre Brille ab und entspannen sich. Ich blicke mit segensvollem Blick herum. Ich bin verwandelt. Vor der Pause spielen sie das Lied „Jolene, Jolene", aus den 70ern. Das betrifft mich so sehr, dass ich zu weinen anfange. Es geht um eine Frau, die sich bei Jolene beklagt, dass sie ihr den Mann weggenommen hat, wo sie doch wegen ihrer Schönheit an jeder Ecke einen neuen bekommen kann.

Als das Lied zu Ende geht, und die Pause angesagt wird, gehe ich schnell zur Sängerin und frage sie nach dem Text des Liedes. Sie gibt mir ihr einziges Exemplar.

Ich bin wie verzaubert. Setze mich in das angrenzende Café zu einer Frau, die schon in den Verzehr einer leckeren Torte vertieft ist. Ich zünde alle Kerzen auf den Tischen rings herum an. Die Dame mit der Torte sagt: „Sie sind aber sehr nett."

„Nicht immer", bekenne ich und setze mich zu ihr. Beim Rausgehen lese ich noch in einem Flugblatt: „Vergeltet nicht Böses mit Bösem oder Scheltwort mit Scheltwort, sondern segnet vielmehr, weil ihr

dazu berufen seid, dass ihr den Segen ererbt." 1. Petrus 3,9.
Was ist heute los, alles betrifft mich so besonders? Als wenn es nur für mich stattfinden würde.

Jolene (Dolly Parton)

Jolene, Jolene, Jolene
I´m begging of you please don´t take my man
Jolene, Jolene, Jolene
Please don´t take him just because you can

Your beauty is beyond compare
With flaming locks of auburn hair
With ivory skin and eyes of emerald green.
Your smile is like breath of spring,
your voice is soft like summer rain
and I cannot compete with you, Jolene

Jolene, Jolene, Jolene...

He talks about you in his sleep
And there´s nothing I can do to keep
From crying when he calls your name, Jolene.
And I can easily understand
How you could easily take my man
But you dont´t know what he means to me, Jolene.

Jolene, Jolene, Jolene…

You could have your choice of men
But I could never love again
He´s the only one for me, Jolene.
I had to have this talk to you
My happiness depends on you
And whatever you decide to do, Jolene.

Jolene, Jolene, Jolene…

Abends lese ich Adama den Text vor. Wir kommen uns wieder ein Stückchen näher.
Dann rufe ich noch meine älteste Tochter in Schleswig-Holstein an, wo sie seit ihrem achtzehnten Lebensjahr wohnt. Wir sehen uns meistens zu Weihnachten, wenn sie nach Berlin kommt. Ich sage ihr, dass sie im Sommer bei mir wohnen kann, da ich fünf Wochen nach Australien reise. Außerdem habe ich Krebs. Sie wundert sich, dass ich trotzdem so viel Humor habe. Wie ich alles finanziere, will sie wissen. Ich verrate ihr mein Schuldenkonto, nun staunt sie noch mehr, dass ich überhaupt noch lachen kann.
Ziehe eine Karte aus dem Wertoskop, das sind 48 Karten, die wie ein Horoskop gebraucht werden. Jede

Karte steht für einen menschlichen Wert, zum Beispiel Geduld, Liebe, etc. Indem wir versuchen, diesen Wert zu leben, schaffen wir eine Veränderung zum Positiven. Es hat Ähnlichkeit mit Tarotkarten, die auch Aussagen über einen momentanen Gemütszustand machen können.

Heute ist es Humor: „Überraschende Ereignisse und ungewöhnliche Entwicklungen erfreuen meinen Geist und bringen Farbe in die Welt."

Wie das mal wieder alles passt. Ich vertraue mehr und mehr auf mein Schicksal. Es ist schon alles richtig, was geschieht, auch wenn es auf den ersten Blick nicht danach aussieht. Fühle mich mit positiven Energien verbunden, manchmal habe ich das Gefühl, jemand betet für mich, oder denkt in einer schönen Weise an mich. Wer kann das wohl sein? Und warum bete ich nicht selbst für mich? Wo kann man beten lernen?

In einem Buch („Himmel und Erde in deiner Hand", von Heinz Rickli) fand ich eine moderne Interpretation für Beten. Beten ist Senden und Meditation empfangen. Beides sollte man täglich machen, dann wird man allmählich Meister seines Lebens.

Die Verwandlung

Tagebucheintrag 12. April 2004

Es ist jetzt eine Woche nach dem (abgesagten) OP Termin, vier Wochen nach der Diagnose. Der Knoten ist nochmal merklich kleiner geworden.
Merke eine Verwandlung meines ganzen Körpers. Total rotes Gesicht, das ganze Bindegewebe verändert sich. Fett wird abgebaut, die Haut straffer und gut durchblutet. Narbe aus der Kindheit am linken Zeigefinger juckt, alle alten Verletzungen, seelisch und körperlich müssen jetzt geheilt werden. Die Kniebeschwerden werden auch nochmal besser, beim Massieren der Kniekehlen fällt mir auf, dass eine Veränderung stattgefunden hat. Alles so sehnig, straff in der Innenseite, fühle mich 10 Jahre jünger! Ich vertraue der chinesischen Medizin.

Ich erwarte jetzt kein Mitleid mehr, wenn ich jemandem sage, ich habe Krebs. Ich erwarte Bewunderung. Ich betone sofort, dass ich mich alleine heile. Einer will es ganz genau wissen: mein Nachbar im Hause, der fast täglich mit Informationen über Krebs zu mir kommt, mit Büchern und Hinweisen auf Fernsehsendungen zum Thema. Von ihm bekomme ich ein Buch von Louise L. Hay, einer Heilerin, die mit Affirmationen arbeitet. Das sind positiv formulierte

Aussagen, die, mehrmals wiederholt, ihre Kraft entfalten, wahr werden. Es ist sozusagen eine Methode der Selbstprogrammierung.

Nun bin ich aber platt: Louise Hay hatte auch Krebs! Nachdem sie schon viele Leute geheilt hatte, bekam sie selbst Krebs. Ihre persönliche Heilung hat sechs Monate gedauert. Obwohl sie auch zuerst in Panik geraten war, hatte sie mit ihrem Arzt – der sie natürlich auch gleich operieren wollte - drei Monate Bedenkzeit ausgehandelt. Sie machte sich an die Heilarbeit und nach sechs Monaten konnte man bei ihr keinen Krebs mehr finden. Von solchen Beispielen fühle ich mich ermutigt.

Ihr Spruch zu Krebs lautet: „Liebevoll vergebe und löse ich alles Vergangene. Ich beschließe, meine Welt mit Freude zu füllen. Ich liebe und akzeptiere mich."

Als Grund für die Entstehung von Krebs sieht sie: „Tiefe Verletzung. Lange bestehender Groll. Tiefes Geheimnis oder Trauer, die am Selbst nagen. Trägt Hass in sich. Empfindet Sinnlosigkeit."

Die Schatten der Vergangenheit

Kann ich wirklich so einfach alles loslassen? Die ganze Vergangenheit, mit einem Schlag?
Einmal noch, ein letztes Mal darf ich das tiefe Geheimnis der Trauer berühren. Habe ich meinem Vater restlos vergeben, dass er meine geliebte Mutter umbringen wollte? Als ich vierzehn war, starb sie. Für mich war klar, dass mein Vater schuld ist. Ich war mir absolut sicher, dass er ihren Tod zu verantworten hatte. Ich empfand bodenlosen Hass für ihn. Zwei Jahre vor ihrem Tod wollte er sie mit einem Steinhammer erschlagen. Meine vier Jahre ältere Schwester, („Die dumme Kuh!" dachte ich damals) holte den Hammer aus dem Schuppen. Ich schrie im Bett auf. Die älteren Schwestern beruhigten mich. „Lass sie sich doch gegenseitig umbringen", sagte eine der älteren Schwestern. Ich hasste sie für diese Worte.
Mit ihrer großen Körperkraft hat meine Mutter es noch einmal geschafft, sich zu befreien. Aber nach diesem Erlebnis ging es mit ihr radikal bergab. Zwei Jahre später, im Dezember, starb sie. Mit 52 Jahren. In diesem ihrem letzten Sommer wurde sie von einem Pferd in die Brust geschlagen, auf der linken Seite, am Herzen. Von da an litt meine Mutter an Atemnot. Davon hat sie sich nicht mehr erholt. Sie stand unter Schock. Das war mein Empfinden. Ich habe alles mitangesehen und musste schnell zum Nachbarn lau-

fen, Hilfe holen. Man fragte mich, wohin das Pferd meine Mutter geschlagen hätte. Ich machte eine Bewegung irgendwie im oberen Bereich meines Körpers, aber ich konnte nicht direkt auf die Brust deuten, das war mir zuviel. Es war, als wäre ich selbst getroffen worden.
Ist es vielleicht dieses Erleben, das bei mir zum Krebs geführt hat? Ist es die Kränkung, die unablässigen Schikanen, die meine Mutter tagtäglich erfahren hat, die ich jetzt als Krebskrankheit für sie austrage? Sie hatte nicht mehr die Kraft dazu.
Schon Jahre vorher gab es jedes Wochenende dieselbe Szene. Manchmal sogar jede Nacht. Er kommt nach Hause, zwischen zwei und drei Uhr morgens, (deshalb wachte ich immer bis jetzt zu dieser Zeit nachts auf) will Bier haben, obwohl er schon total voll ist, hat Schrammen im Gesicht, weil er sich wieder mit seinen Saufkumpanen geprügelt hat. Meine Mutter gibt ihm kein Bier. Er terrorisierte uns so lange, bis sich eine von uns zu ihm in die Küche setzte und ihm zuhörte. Stundenlang, bis er endlich Ruhe gab.
Er schrie, wir sollten zu ihm kommen, schlug die Tür zu, dass alles wackelte. Ich hatte soviel Angst vor meinem Vater. Ich war immer bereit, nachts aus dem Fenster zu springen, falls er in das Schlafzimmer kommen würde. Ich malte mir aus, ob es wohl sehr weh tun würde, wenn ich vom Fenster auf das darunter liegende Dach des Holzschuppens springen würde.

Meine ganze Kindheit verbrachte ich in dieser Panik. Ich führte ein Doppelleben. Meine wahren Gefühle konnte ich nicht zeigen. Ich hasste alle Erwachsenen, ihre Lügen, ihre Heuchelei.

Ich redete nicht. Ich sprach in Gedanken mit mir selbst. Wie ich mit Erwachsenen reden sollte, wusste ich nicht. Manche Leute in der Nachbarschaft dachten, ich wäre taubstumm. Zuhause durften wir sowieso nicht reden, da gab es nur einen, der reden durfte, meinen Vater. Wir hatten alle nichts zu lachen in dieser Familie.

Ich hatte ja noch Glück. Meine älteste Schwester, die echte, denn es gibt noch drei Stiefschwestern, hatte ein gebrochenes Nasenbein. Das erhielt sie angeblich nach Schlägen mit den Pantoffel von der Mutter. Meine vier Jahre jüngere Schwester wurde angeblich fast erwürgt, auch von der Mutter. Aber wie schon gesagt, ich liebte meine Mutter über alles. Kaum dass der Schnee anfing zu schmelzen, rannte ich hinaus, suchte nach den ersten Frühlingsblumen, das waren Buschwindröschen, Gänseblümchen und Dotterblumen, und brachte ihr einen kleinen Strauss. Pflanzen liebte ich schon als Kind. Kaum dass ich laufen konnte, kannte ich schon alle giftigen und ungiftigen Pflanzen. Eines meiner Lieblingsspiele war, wie eine Kuh auf allen Vieren zu grasen. Ich kaute Sauerampfer, Grasstengel, Löwenzahn, saugte Kleeblüten aus, ich kannte jeden Zentimeter unserer vier Hektar. Zusammen mit meinen Schwestern verbrachte ich jede freie Minute auf einer Wiese, wir flochten Kränze aus Margeritenblüten, mit denen wir Prinzessin spielten, dazu trugen wir Armbänder aus ineinander gesteckten Löwenzahnstengeln. Besonders verliebt war ich in die Katzenpfötchen, die im Hochsommer auf dem Hügel hinter dem Haus wuchsen. Die waren so samtig weich, und ihre Farben variierten von zartrosa über tieflila bis schneeweiß. Schneeweißchen und Rosenrot. Manchmal legte ich mich einfach zu den Kräutern auf den Boden und schlief ein.

Auf dem selben Hügel wuchsen auch Arnika, die wir als Tinktur ansetzten, für Verletzungen, die ja auf einem Bauernhof tagtäglich anfallen. Die Heilkraft der Arnika bekam ich schon mit drei Jahren zu spüren, als mir die Arbeiter während des Holzsägens aus Versehen fast das rechte Bein abgesägt hätten. Ich war als Kind so unruhig, kletterte auf den rollenden Baumstämmen herum und fiel direkt in die laufende Säge. Die herunter hängenden Fleischfetzen wurden wieder draufgelegt, dann wurde alles schön fest mit einem in Arnika-Tinktur getränkten Lappen zugebunden. Noch heute habe ich eine zwei Zentimeter große Narbe.

Zurück in der Gegenwart

Tagebucheintrag 14. April

Heute ist auch das Buch von Professor Hackethal eingetroffen. Ich bin schon beim ersten Durchblättern schockiert. Er hat vor 30 Jahren schon gewarnt, dass die etablierten Ärzte in der Krebsbehandlung alles falsch machen. Ich bin 100 % seiner Meinung. Ich habe alles selbst erlebt, was er schildert.
Ich habe jetzt Angst vor den Ärzten, nicht vor Krebs. Mein Eindruck ist, wegen Geld gehen sie über Leichen.

Ich sprach mit Adama darüber. Er sieht es genau so. In der Tradition, in der er aufgewachsen ist, steht Geld in der Wichtigkeit für den Menschen erst an vierter Stelle. Das Erste ist das Leben selbst. Das Zweite die Gesundheit. Das Dritte ein guter Vertreter, Kinder, Nachfolger. Und viertens Geld.
Man kann von den Bambara halten, was man will, aber ihre tiefgründige und durchaus praktische Lebensphilosophie beeindruckt mich immer wieder. In der Bambaragesellschaft sind die Hierarchien in der Familie streng geregelt. Absolute Autorität gebührt den Alten, wie überall in Afrika. Männer und Frauen haben ihre jeweils eigenen Bereiche des Lebens. In ei-

nem Dorf, das ich besucht hatte, gibt es sogar eine extra Grußformel für Frauen und Männer.

Tagebucheintrag 17. April 2004

Ich gehe in die Apotheke eine neue Flasche Schwedenkräuter kaufen. Im Schaufenster zieht mich ein Plakat an. Einladung zu einer Veranstaltung im Brustzentrum Urbanstraße. Sie feiern ihr einjähriges Bestehen. Was gibt es da wohl zu feiern? Ich würde gerne hingehen um mir diese ‚Experten' anzuschauen.
Mir kommt eine riskante Idee. Ich entwerfe ein Flugblatt, drucke 50 Stück, die ich an die Versammlung verteilen will. Zum Glück frage ich Adama, was er von der Aktion hält. Er fragt mich, ob ich ganz gesund sei. Ich selbst würde ihm doch die ganze Zeit erzählen, wie kriminell sie sind, und dann wollte ich freiwillig und mit so einem unseriösen Vorhaben direkt in die Höhle des Löwen gehen?
„Man kann sie nur mit ihren eigenen Waffen schlagen, also glaubst du auch, dass sie kriminell sind."
„Ja, natürlich. Darum geht es doch. Jetzt, wo es dir etwas besser geht, dich dieser Gefahr aussetzen, bist du krank? Was hast du mit ihnen zu tun?"
Stimmt, in den letzten Tagen ging es mir besonders gut. Die Flugblätter verschwinden ungelesen im Papierkorb.

„Jeder hat seins", sagte schon der Sänger Salif Keita, der „schweigsame Bambara-Prinz" sinngemäß, als er von einem deutschen Journalisten gefragt wurde, ob seine Regierung ihm bei der Errichtung einer Musikschule nicht behilflich ist. Der Sänger singt, die Schriftstellerin schreibt, der Chirurg operiert, das ist hier wie dort das selbe. Wenn man es nicht selbst macht, passiert nichts.

Salif Keita hat für mich eine besondere Bedeutung. Während der schlimmen Knieverletzung, von der ich schon berichtete, hörte ich ständig seine CD „Moffou", denn Adama war für zwei Monate nach Afrika gereist, und ich hatte keinen Gesprächspartner. Da habe ich erfahren, wie heilsam die menschliche Stimme ist. Mir war nicht ganz klar, ob seine magische Stimme dieses Heilpotential hat oder generell jede menschliche Stimme. Gott selbst hat den Menschen geschaffen, um einen Gesprächspartner zu haben, sagt die Bambara-Mythologie. Ich lernte sogar ein paar Worte Bambara, um wenigstens etwas von seinen Texten zu verstehen. Salif Keita ist ein Nachfahre des Königs-Clans, der Keita. Er wurde von seinem Vater verstoßen, denn nach der Tradition dürfte er nicht singen, da er königlicher Abstammung ist. Außerdem ist er ein Albino, was die Sache verschärfte, denn Albinos gelten als böse Geister. Das bedeutete, seine Mutter hatte mit einem bösen Geist Geschlechtsverkehr, deshalb wurde sie auch von ihrem Mann verstoßen. Salif Keita gilt als schwieriger Interviewpartner. Je mehr man ihn fragt, desto weniger antwortet er. Das ist die grundsätzliche Haltung eines Bambara. Vor allem wenn die Fragen zu persönlich werden, sagen sie irgendwann nur noch „Hm". Fragt man sie einige Zeit später zum selben Thema, kann die Antwort wiederum ganz anders aussehen, dann erzählen sie eine Geschichte nach der anderen, den Zusammenhang muss der Zuhörer sich selbst suchen. In diesem Sinne war und ist mein Mann ein typischer Vertreter seiner Kultur.

Tagebucheintrag 20. April 2004

Erster Termin Darmreinigung.
Es war schon unangenehm loszulassen. Die Therapeutin massierte sanft den Darm, spülte mit unterschiedlichen Temperaturen, die sie auf dem Gerät einstellen kann, den Darm durch. Saß noch lange auf der Toilette, die sich in dem Behandlungszimmer befand. Eine entspannte Atmosphäre. Reiki-Musik im Hintergrund. Auf dem Nachhauseweg ein Gefühl von Freiheit, Leichtigkeit. Gleichgewichtsstörungen waren besser. Ich konzentrierte mich mehr auf mich, achtete nicht so viel auf die andern. Es ist aber schon komisch, sich vorzustellen, wie einfach

das alles geht. Die Wut auf alle Männer der Welt, alles Müll, Vergangenheit. Ohne Vergeben keine Heilung, und heil werden will ich doch, oder?
Ein Tag Pause.
Zweiter Termin:
Wir mussten vorzeitig abbrechen. Mir wurde übel. Schmerzen auf der rechten Seite, die Leber? Es kam auch nicht mehr so viel raus, wie beim ersten Mal. Ich sagte der Frau, dass ich schon wochenlang Kräuter nehme und dass ich Krebs habe. Es braucht keine sechs Termine, die Kräuter haben schon das meiste gereinigt.
Nach der Behandlung bekam ich Wasser zu trinken und konnte noch so lange auf der Toilette sitzen, wie ich wollte. Sie beglückwünschte mich zu meiner Entschlossenheit, die Heilung alleine zu versuchen.

Australische Methoden

Tina hatte in Sydney eine Selbsthilfegruppe von „Frauen nach Brustkrebs" ausfindig gemacht. Sie machte Telefoninterviews mit einigen von ihnen mit dem Resultat, dass es auch am anderen Ende der Welt genauso läuft wie hier. Standard ist OP, danach können die Frauen zum Teil wählen, ob sie eine Chemo-Therapie machen oder nicht. Immerhin ist Ernährung ein Thema, wenn auch nicht sehr ausgiebig. Es wird empfohlen, Kohl zu essen.
Eine Frau schilderte ihre dramatische Behandlung, Chemo mit anschließendem Haarausfall, eine andere hat die gleiche Behandlung bekommen, aber ohne große Folgebeschwerden.
Krebs ist bei jeder Frau anders.
Von einer alten Frau wurde berichtet, die schon viele Operationen hinter sich hat und der die Ärzte nichts mehr rausschneiden können, die aber viele Schmerzen hat. Diese Idioten verursachen so viel Leid, weltweit.
Ich gehe gleich zum Naturkostladen, kaufe Shiitake und Weißkohl, koche ein leckeres Essen, lege mich dann mit einer Kohlauflage in mein schönes Bettchen und spüre zu meiner linken Brust hin. „Na, hat es geschmeckt?" frage ich meinen Freund, den Krebs, und die Freundin, die Brust.

Dieses Bioessen macht wirklich Spaß. Bald werde ich wieder zunehmen, wenn ich so weitermache. Ich gönne mir inzwischen so Köstlichkeiten wie Rote Beete-Most, sündhaft teuer, aber lecker und krebshemmend, blutaufbauend, Amaranth-Müsli mit Wildfrüchten. Täglich esse ich einen großen Becher Joghurt mit Mango oder Aloe Vera. So etwas gibt es jetzt im Bioladen. Und ich gebe nicht mehr aus, als wenn ich bei Aldi einkaufen würde.

Neue Wege gehen

Vierter Traum

Tagebucheintrag 27. April 2004

Heute genau acht Wochen Kräutertherapie.
Ich habe schön gekocht und gegessen, bin dann eingeschlafen.
Hier der Traum:

> *Ich erwache in einer sehr schönen Gegend, sehr hoch gelegen. Wir sind zu zweit (zu zweit allein? Ich sehe niemand, wahrscheinlich sind wir Zwillingsseelen) und überlegen, wo wir sind. Es könnte Bayern sein. Aber dann denken wir, es ist Asien, Himalaya-Gegend. Die Häuser unter uns sind so klein, also müssen die Menschen auch klein sein. Die Berge sind mit grünen Matten ausgelegt, wie Terrassenfelder. Es sieht so niedlich aus. Es geht schwindelerregend steil nach unten. Ich bin so glücklich, da zu sein. Am Dach der Welt. Wir sehen zunächst niemanden. Doch schon bald sind wir im Kontakt mit den Menschen. Sie machen sehr komische Tätigkeiten, die uns fremd sind. (religiöse Kulthandlungen? Arbeit?) Aber wenn wir hier bleiben wollen, müssen wir uns auch für etwas entscheiden, was wir tun wollen. Wir machen seltsame Erfahrungen, die uns komischerweise in diese Welt verstricken, die uns zuerst fremd war. Das wird anstrengend. Ich erwache.*

Nach dem Traum wusste ich zuerst nicht, wo ich bin und welcher Tag ist. Ich fühlte mich so entspannt und friedlich. Das wäre schön, wenn ich diesen Zustand noch länger erhalten könnte.
Es war eine Atmosphäre von totaler Reinheit, Schönheit und Frieden.

Gespräche mit dem Krebs

Warum ruft mich niemand an? Glauben sie etwa, ich sei schon tot oder haben sie eingesehen, dass ich anders bin? Oder welches Geheimnis steckt hinter dieser Ruhe, wo sie doch noch vor ein paar Wochen so eine Panik gemacht haben? Eigentlich ganz schön unverantwortlich, von ihrem Standpunkt aus. Eben typisch Arzt. Die Einweisung liegt auf meinem Schreibtisch, als Beleg, nicht, dass nachher gesagt wird, es war doch gar nichts. Etwa so: „Wie kommen Sie darauf, dass sie Krebs hatten?" Alles schon dagewesen. Jetzt haben wir beide noch mehr Zeit, mein Freund. Du willst noch nicht gehen, kein Problem. Ich habe dir das Messer erspart, nun kannst du dich bald verabschieden. Oder hast du noch etwas zu sagen?. Du glaubst nicht, dass ich ein Buch schreibe? Zwei bis drei Seiten pro Tag, soll ich nicht schaffen? Gut, nur eine Seite, versprochen. Aber täglich, einmal nicht eingehalten, schon entsteht Stau, Verschlackung, das wollen wir doch nicht mehr. Bis Ende des Jahres ist das Buch fertig, versprochen.
Ich gebe zu, in der letzten Woche habe ich dich vernachlässigt. Gedankenlos, fast automatisch habe ich den Tee gekocht und getrunken. Ja, ich wollte zur (alten?) Tagesordnung übergehen, dich für eine Weile vergessen, um zu sehen, wie du reagierst. Du bist hart geblieben, an einem Punkt zumindest. Das kann ich

nicht übersehen. Sogar wenn ich in den Spiegel schaue, sehe ich etwas direkt unter der Haut herausstechen. Eine der drei Knospen ist noch hart.
In einer Woche gehe ich wieder zum Arzt, bis dahin musst du dich noch etwas weiter zurückziehen, sonst kommen sie mir wieder mit ihren Rabiatmethoden, du weißt, wovon ich spreche.
Gut, heute mache ich dir einen Vorschlag. Ich bekomme eine Tasse Kaffee, dann hab ich Power, geh in die Apotheke und hole die dritte Flasche Schwedenbitter, die Drei ist doch deine Lieblingszahl, stimmt's?
Eines musst du wissen, mein Freund, am 26. Juni reise ich ab nach Australien, dann spätestens müssen wir uns verabschieden, denn mein kleiner Enkelsohn wartet schon lange auf mich. Ich werde dann keine Zeit mehr haben, mich um dich zu kümmern.
Also, du kennst die Frist, wenn es noch was zu melden gibt, tu's. Ich bin dir für jeden Hinweis dankbar. Hab noch nie so viel in so kurzer Zeit gelernt. Ich verspreche dir, aktiv zu bleiben, nicht wieder einzuschlafen.
Wenn dir alles zu schnell geht, kannst du bis nach Australien warten, aber bleibe in den fünf Wochen meiner Reise wenigstens ruhig, o.k.?

Tagebucheintrag 7. Mai 2004

Ich fühle jetzt auch meine Emotionen geheilt.
Ich verzeihe mir selbst und Adama und allen anderen.
Ich habe alles in der Hand.
Freude entsteht.

Am 8. Mai (zwei Monate nach der Diagnose) sah ich an der Stelle des Knotens einen roten Fleck auf der Haut. Außerdem traten Schmerzen auf. Nach der Schwedenkräuterauflage massierte ich vorsichtig mit Olivenöl. Tja, mein Knoten liebt die Abwechslung, manchmal gibt es auch Wildrosenöl.
Hatte ich nicht irgendwo gelesen, dass kurz vor der endgültigen Heilung Schmerzen auftreten, weil Wasser eingelagert wird, bevor der Tumor abgebaut wird? Nach zwei Tagen verschwand der rote Fleck wieder, er wanderte nach unten, nun entstand statt dessen ein Längsstreifen, der Busen fing an zu hängen. Wie schnell das alles bei mir ging. Es schien, als ob alle meine Wünsche in Erfüllung gingen.
Danke, Universum.
Wo ein Problem ist, ist auch die Heilung. Mit der Post bekam ich am nächsten Tag eine Probeausgabe der Zeitschrift „Natur & Heilen", die ich probeweise bestellt hatte und die einen Artikel zu Brustkrebs aus homöopathischer Sicht enthielt. Die Autorin, Antonie

Peppler, stellt die These auf, Brustkrebs sei ein Zeichen der verletzen Sehnsucht nach Zusammengehörigkeit. Ich lese begeistert, dass es **doch** ein homöopathisches Mittel bei Brustkrebs gibt, entgegen allen anderen Behauptungen, (was hatte der Oberarzt dazu entsetzt gesagt: „Mit Homöopathie können Sie keinen Krebs heilen!"): „Comocladia dentata, mit der psychologischen Bedeutung ‚enttäuschte Vision von der Gemeinschaft' ist als Basisthematik für Brustkrebspatientinnen äußerst wertvoll."

Ich recherchierte wieder im Internet, was Comocladia dentata eigentlich bedeutet, denn bevor ich etwas nehme, will ich schon wissen, worum es sich dabei handelt, in diesem Fall um die frische Rinde eines Baumes, der in Südamerika und Westindien beheimatet ist.

Alte Verletzungen und die daraus resultierenden Emotionen wie Trotz, Rache und Trauer können mit diesem Mittel ausgeheilt werden. Dieser Artikel sprach mich ganz tief an. Ich las ihn Adama vor, und beschwerte mich gleichzeitg, dass er mich schon wieder vernachlässigte. Er kümmerte sich um seine vielen Mikro- und Makroprojekte, gehe Salsa tanzen, die Nächte verbringe er was weiß ich wo. Er scheue sich trotzdem nicht, mich jederzeit als Ansprechpartner zu benutzen, wenn er ein Problem hat. Wer hört **mir** eigentlich mal zu? Oder muss ich wieder mit Scheidung drohen? Nein, diesmal blieb ich ganz ruhig und sagte: „Wartest du eigentlich nur, bis ich tot bin, oder welche Vision hast du von einem Zusammenleben?" Obwohl sonst nicht um eine Antwort verlegen, war ihm das Gesagte vermutlich doch zuviel, denn er verließ wortlos die Wohnung und schloss von außen ab. Ein Zeichen für mich, dass er nicht nach Hause kommen würde.

Am 9. Mai war Muttertag. Ich wartete nicht auf einen Blumenstrauß, der eh nicht kommen würde, sondern ging selbst zum Blumenladen. Als ich allerdings die Schlange sah, merkte ich, dass ich auf diesen gedankenlosen Konsum keine Lust hatte. Ich spazierte durch den Park, pflückte etwas lila und weißen Flieder, bereitete eine kleine Teezeremonie für zwei Personen vor. Mal sehen, wer heute mein Gast sein würde. Gerade als ich alles fertig dekoriert hatte, kam Adama nach Hause. Wir sprachen nicht über den vergangenen Abend.

Nachmittags hörte ich im Radio ein Sufi-Gebet zum Muttertag:

Deine Liebe ist in allen Wesen.

Sie gleicht dem Herzen der Mutter

Sie erträgt alles

Glaubt alles

Duldet alles.

Neue Erkenntnisse

Etwas trieb mich wieder an, weiter zu forschen. Schon fand ich wieder Rat im Internet und die passenden Bücher. Bestellte „Seele und Sexualität" von Jovana Wex. Das Buch führte mich in andere Dimensionen. Ich kam mir selbst noch mal ein Stück näher. Es ist so beruhigend zu wissen, dass Sexualität nicht im Widerspruch steht zur spirituellen Entwicklung, dass beides zusammengehört. Das ist besonders für Leute wichtig zu wissen, die wie ich aus dem konservativen Bundesland im Süden unserer Republik kommen, wo es außer Sexualität noch viele andere Tabus gibt, und so seltsame Gewohnheiten wie das Biertrinken.
Jovana Wex macht in ihrem Buch deutlich, dass eine erfüllte Sexualität zu einem gesunden Leben gehört. Nach der Lektüre wurde mir auch klar, was Einssein bedeutet. Es bedeutet, dass jeder von uns, egal ob Mann oder Frau, ein vollkommenes Wesen ist, dass wir beides gleichzeitig sind, auch wenn der Körper nur ein Geschlecht aufweist. Diese Vorstellung gab mir ein gutes Gefühl von Zufriedenheit. Ich schaute mir das Literaturverzeichnis am Ende des Buches an, die von ihr benutzten Bücher habe ich fast alle auch gelesen. Der Unterschied ist wahrscheinlich, sie hat die Bücher nicht nur gelesen, sie hat alles praktiziert und erforscht und das 20 Jahre lang. Habe ich die letzten 20 Jahre nur geschlafen oder was habe ich gemacht?

Während Jovana Wex das Lotus Institut gegründet hat, ein Lehrinstitut für Tantra und Past-Life-Arbeit, habe ich nur gejammert, genörgelt, beschuldigt, mich vor den Herausforderungen des Lebens gedrückt. Das Resultat bekam ich jetzt zu spüren. Wie das Sprichwort schon sagt: „Wer nicht hören will, muss fühlen". Der Traum vom 5. Mai bekommt nun eine andere Bedeutung, es war die Vision einer Wiedergeburt.
Auch der Traum „Nux vomica" hat eine ähnliche Bedeutung. Ich muss von ganz oben nach ganz unten gehen, sonst komme ich nicht weiter. Die Leiter ist die Verbindung zwischen Geist und Materie, Bewusstsein und Unterbewusstsein, Vergangenheit und Zukunft.
Es ist beruhigend zu wissen, dass so viele Menschen nach Alternativen zu den menschenverachtenden herkömmlichen Methoden suchen. Selbst so einfache Leute wie ich nehmen die Überheblichkeit und die Unwissenheit der Schulmediziniker nicht mehr hin! Wir wollen schließlich auch leben!

Tagebucheintrag 19. Mai 2004

Zweiter Besuch bei der chinesischen Kräuterfrau. Sie ist begeistert von meinem vitalen Aussehen. Die Zungendiagnose ergibt immer noch Blutstau, blaue Zunge. Ihr Kommentar, ich hätte zu lange gewartet.

Jetzt verpasst sie mir noch Ohrakupunktur, fünf verschiedene Stellen werden mit einem kleinen Pflaster zugeklebt, darauf soll ich täglich fünf mal eine Minute punktuell drücken. Die Dinger sollten eine Woche draufbleiben. Auch nicht schlecht, fünf Krankheiten in einer Woche zu heilen. Es muss ja heutzutage alles schnell gehen.
Sie verschreibt mir nochmal dieselben Kräuter, wieder 20 Päckchen.
Wieder eine Woche Pause.
Ich mache auch Pause mit den anderen Behandlungen. Mal sehen, wie es mir ohne geht.
Nehme mir Zeit zum Lesen. Bis jetzt habe ich ja nur das dringendste gelesen, was ich unbedingt wissen musste in der aktuellen Situation. Jetzt kann ich noch tiefer gehen, mehr verstehen, wer ich bin und wo ich bin.
Habe einen guten Arbeits- und Lebensrhythmus gefunden. Arbeit, duschen, Frühstück, Schreiben, Kochen, Essen mit Adama, Mittagsruhe.
Nachmittags Yoga
Abends: Lesen, Tee trinken, wieder Arbeit.
Bin völlig ausgeglichen, nichts bringt mich aus der Ruhe.
Die Brustuntersuchung ergibt, ein kleiner Miniknoten ist noch da. Jetzt merke ich, dass auch die rechte Brust mindestens um die Hälfte vergrößert war, Verdickungen aufwies, sie ist nun wieder auf

normalem Stand. Insgesamt ist das Gewebe straffer geworden, eine kleine Hühnerbrust.
Mein ganzer Körper ist völlig umstrukturiert. Habe wieder eine jugendliche Figur. Fühle mich auch so. Fühle mich auch geistig so frisch, als wenn ich noch mal ganz neu anfangen könnte. Kann viel besser mit Leuten, bekannten oder unbekannten kommunizieren.

Tagebucheintrag vom 25. Mai 2004

Die chinesischen Kräuter sind angekommen.
Noch vier Wochen bis zur Abreise nach Australien. Das kommt genau hin. Alles läuft nach Plan.
Ich sehe das so, dass die Heilung von oben nach unten geht, zuerst geistig, dann die Gefühle, dann erst der Körper, der ja so träge ist. Der Knoten, der noch da ist, dieses kleine harte Stück ist nicht mehr so wichtig. Auch am Ellenbogen, von der 50 Jahre alten Wucherung ist noch ein Rest vorhanden. Aber fast täglich merke ich Veränderungen, das ist das Wichtigste.
Las ich nicht irgendwo im Internet: „Der Knoten ist nicht die Krankheit und auch nicht der Beginn der Krankheit, sondern das Ende." Mein eigener selbst gewählter Weg scheint zu funktionieren.

Als nächstes kommt jedoch die Reise nach Australien, davon verspreche ich mir soviel, das war auch der Rat von Prof. Hackethal: Wenn bei Ihnen Krebs diagnostiziert wurde, tun Sie nichts, verreisen Sie, das ist das Beste, sagte er sinngemäß in seinem Buch: „Keine Angst vor Krebs".

Nun nahm ich mir auch noch das Buch von Kurt G. Blüchel, „Heilen verboten, Töten erlaubt" vor. Es war unheimlich anstrengend zu lesen, immerhin 400 Seiten, aber ich musste es tun. Dieses Buch lässt keine Fragen mehr offen, es wurde zu meiner neuen Bibel.

Es ist wirklich phänomenal, wie ich selbst durch meine eigenen Erfahrungen zu denselben Ergebnissen gekommen bin, wie Herr Blüchel durch seine jahrelangen Recherchen. Dabei habe ich, so gut es ging, den Kontakt zu diesen Menschenschindern/Krankheitserfindern immer vermieden. Ich überlegte, wie mein erster Kontakt zu Ärzten war, woher kommt diese persönliche Abneigung? Außer durch die Erfahrung, dass sie einem sowieso nicht helfen können oder wollen, einen sklavisch behandeln, absoluten Gehorsam verlangen, fiel mir ein, dass ich schon als Kind, als ich den ersten Arzt meines Lebens sah, diesen hasste. Das war, als mein Stiefbruder eines Morgens tot im Bett lag. Der Arzt musste geholt werden, denn er ist als einziger berechtigt, den Totenschein auszustellen. Ja, und was macht der Typ da in unserem Haus? Er untersucht das ganze Haus, fragt meinen Vater, ob er nicht noch alte landwirtschaftliche Gebrauchsgegenstände zu vergeben habe. Er schleppt für ein paar Groschen wertvolle antike Sachen ab, die man in manchem Museum vergebens sucht. Was hat das mit dem Tod meines Bruders zu tun, fragte ich mich als Zehnjährige. Wie kann einer, noch dazu ein Arzt, im Angesicht des Todes an Geschäfte denken? Na, da hat der kriminelle Landarzt sich doch ein kleines Privatantiquariat zusammen gebettelt. Und er war der einzige Arzt im Umkreis von fünfzig Kilometern, da hatten die armen Bauern keine andere Wahl.

Tagebucheintrag vom 6. Juni 2004

Eines gebe ich hier öffentlich bekannt. Ich will in keinem deutschen Krankenhaus sterben, sondern zu Hause. Oder ich gehe in die Wüste, das ist noch besser, als mich diesen gewissenlosen, geldgierigen Pfuschern auszusetzen, die einem alles rausschneiden und damit herum experimentieren. An mir sollt ihr nicht verdienen. Sucht euch eine anständige Arbeit, oder geht Nummern ziehen beim Arbeitsamt, wie die 4 Millionen arbeitslosen Bundesbürger. Ach so, das habt ihr ja nicht nötig. Schippert meinetwegen Tag und Nacht mit euren Yachten auf den Weltmeeren herum, oder fliegt zum Mond, das ist ja jetzt auch für Privatpersonen möglich.

Und wieder höre ich einige Tage nach dem Lesen wie zur Bestätigung im Radio eine Meldung, dass in diesem Jahr, also 2004, erstmals Patientengespräche als Pflichtunterricht gelehrt werden. Immerhin 20 Stunden pro Semester dürfen jetzt die angehenden Ärzte ihre Gesprächsfähigkeit trainieren, um vor allem in der Krebstherapie nicht so dumm da zu stehen. (Hoffentlich hat meine Hausärztin die Sendung auch gehört)

Da möchte ich doch gerne Mäuschen spielen, was die wohl den Patienten erzählen?

Das muss man sich mal vorstellen, sie beherrschen nicht die mindesten Umgangsformen mit Patienten, geschweige denn, dass sie ein der jeweiligen Krankheit angemessenes Verhalten zu zeigen gelernt hätten. Jeder Patient weiß doch inzwischen mehr über seine Krankheit als der Arzt.

Von Ernährung haben sie ja auch keine Ahnung. Manche von ihnen behaupten immer noch steif und fest, die Ernährung spiele keine Rolle bei Krankheitensentstehung. Dabei gibt es Bücher, mit Listen fast aller verfügbaren Lebensmittel, mit krankheitsfördernden und krankheitshemmenden Stoffen. Die müssen doch alle nochmal in die Grundschule, die Herren in Weiß.

Was rege ich mich auf, macht was ihr wollt, ich mache auch, was ich will.

Obwohl manchmal denke ich schon, ich müsste bei der Frauenärztin anrufen und mal fragen, was sie dazu sagt, dass ich nicht ins Krankenhaus gegangen bin. Da würde sie im besten Fall sagen, Sie sind eine mündige Patientin, das haben Sie selbst zu verantworten, und sich im Stillen freuen, dass sie diese rebellische Alte losgeworden ist.

Ich bleibe in Australien. Werde Asylant. Durchwandere mit meinem Enkel das Outback.

Abschied

Tagebucheintrag 25.Juni 2004

Bestandsaufnahme:
Wie geht es mir jetzt nach drei Monaten Therapie? Ich fühle mich auf dem Wege der Heilung, auch wenn der Knoten noch da ist.
Ich atme drei mal tief durch und dann spreche ich wieder mit meinem Freund und Meister, dem Krebs: „So mein Freund, das war's dann. Morgen fliege ich nach Sydney. Du erinnerst dich an die Abmachung? Ich mache meine Reise, und du bleibst, wo du bist. Ach so, du willst noch mal Wildrosenöl? Ah, wie das duftet!"
Ich werde alle anderen Therapien unterbrechen und mich nur auf die Reise konzentrieren, ist ja aufregend genug. Man fliegt ja schließlich nicht jedes Jahr nach Australien.
Ich vertraue vor allem meiner inneren Stimme, meiner Intuition. Es kann doch nicht sein, dass ich mich als Mensch nicht selbst heilen kann. Selbst die Tiere können das. Wenn sie krank sind, ziehen sie sich zurück, fressen bestimmte Kräuter, lecken sich ihre Wunden, suchen bestimmte Wasserquellen auf. Der Körper hat doch seine eigene Weisheit.

Sydney, Australien

Sydney ist nicht nur eine der schönsten und saubersten, sondern auch die kinderfreundlichste Stadt der Welt. In allen öffentlichen Toiletten gibt es beheizte „parents rooms", wo Eltern ihre Babys in Ruhe wickeln können, bequeme Sofas zum Stillen bereit stehen, Mikrowellen, um Essen warm zu machen, Stühle für die wartenden Begleitpersonen. Die Erwachsenentoiletten haben extra eine Babysitzhalterung, damit die Eltern in Ruhe zur Toilette gehen können. Tut mir leid, das Thema ist vielleicht nicht so prickelnd, aber es hat mich beeindruckt. Unvorstellbar so was in Deutschland! Trinkwasser gibt es überall unterwegs in der Stadt, die Spielplätze sind groß angelegt, mit kindgerechten Spielgeräten ohne Verletzungsgefahr und mit Sonnensegeln, die vor allzu starker Sonneneinstrahlung schützen. Überall Wasser, Licht, alles so weit und frei! Sydney ist die Welthauptstadt der Segler.
Auf den Bäumen sitzen Ibisse in Massen, Möwen tanzen einem vor der Nase herum. Alle 50 Meter sorgt eine große Mülltonne dafür, dass kein Papierfetzen auf die Straße geworfen wird. Die Innenstadt jedenfalls ist total sauber. Wenn man aus Berlin kommt, ein großer Unterschied. Es schien mir auch sehr wenig Abgase zu geben, die öffentlichen Busse sind gasbetrieben. Die Busfahrer, viele Inder und Chinesen,

hilfsbereit und freundlich, nehmen sich Zeit, einem unkundigen Fahrgast den Fahrplan zu erklären, niemand regt sich auf, dass es zu lange dauert. Die Menschen sind einfach entspannter als in Europa. Die Aussis haben einfach keine Probleme! Sie zahlen brav ihre Steuern, die Wirtschaft blüht, Eltern bekommen am Ende des Jahres Nachzahlungen für ihre Kinder, einfach so. Die Regierung ist nicht so korrupt wie bei uns, denke ich. Was ich noch sehr angenehm fand, es gibt wenig Hunde. Jeder Hundebesitzer trägt einen Plastikbeutel am Gürtel, falls doch mal ein Geschäft erledigt wird.

Rauchen in Gebäuden ist verboten. Wer unbedingt eine rauchen muss, darf das nur vor der Türe, egal ob in Cafes oder öffentlichen Gebäuden.

Falls man mal nicht weiß, was man mit den Kindern unternehmen sollte, schaut man einfach in dem Buch „Sydney for under fives" nach, dort sind Ausflugstipps und andere Informationen für Familien auf 320 Seiten zusammengetragen. Es gibt auch keinen Stress am Abend, denn die Läden haben jeden Tag jederzeit geöffnet.

Auch die Museen bieten kindgerechte Installationen, so dass es nicht zu langweilig für die Kleinen wird. Sie dürfen dann alles anfassen, es ist ja extra für sie eingerichtet.

Fragt man die Aussis allerdings zum Thema Rassismus, sagen sie, sowas gäbe es bei ihnen nicht. Sie mögen zwar die Iren nicht und die Neuseeländer, ihre Nachbarn sind einfach „Kiwis", das bedeutet rückständig. Da mag ein Aborigine neben ihnen im Staub sitzen, sie sehen ihn einfach nicht. Das blenden die total aus.

Meine Erwartungen in Bezug auf Heilung haben sich allerdings in Australien nicht erfüllt. Meine kindlich-romantischen Vorstellungen, dass meine Tochter mich heilen und ihr Mann das Buch für mich zu Ende schreiben würde, musste ich fallen lassen. Das war es, was ich mir insgeheim gewünscht hatte, während ich nichts weiter zu tun hatte, als meinem Enkelsohn beim Spielen zuzuschauen. Ich war sogar bereit, mit dem Kleinen das ganze Haus auf den Kopf zu stellen, mit Tiger, Bär und Ente auf der Suche nach Panama. Als wir dann die gold-gelben Bio-Bananen in der Speisekammer entdeckten, hatten wir unser Panama gefunden. Ansonsten musste ich auch am anderen Ende der Welt einsehen: Es geht nicht ohne mich!

Zu dieser Einsicht gelangte ich wieder durch einen Traum.

Fünfter Traum

Meine Tochter findet den Knoten in der linken Brust und drückt so fest darauf, bis es weh tut. Ich versuche mich zu wehren, aber ich erwische sie nicht. Ich beiße sie in die Hand, aber das tut ihr nicht weh. Ich versuche sie am Hals zu erwischen, das klappt auch nicht. Sie hat mich voll im Griff und lässt nicht los.

Beim Aufwachen und noch einige Tage danach tat die Brust weh. Dieser Traum hat mich wirklich schockiert. Er zeigt mir, dass noch längst nicht alles bewusst geworden ist und vor allem die familiären, weiblichen Strukturen eine Rolle spielen. Ich konnte auch mit meiner Tochter nicht über diesen Traum sprechen. Ich wußte nur eins: Ich muss diesen ganzen familiären Filz, dieses Geklüngel loslassen. Wir leben im Zeitalter der Individualisierung, jeder hat seins. Das sehe ich doch an meiner Familie. Jede von uns Schwestern hat etwas anderes erlebt, obwohl wir dieselben Eltern hatten, am selben Ort, ja sogar im selben Bett geboren wurden, dieselbe Schule besucht haben.

Was mir in diesem Zusammenhang noch einfiel, meine Tochter hatte mich in den letzten Monaten mehrmals gefragt, ob ich nicht doch etwas verschweige, ob ich nicht doch eine „objektive Meinung" einholen sollte, über den Stand meiner Erkrankung. (Da wird ein Mensch, ein vollkommenes Wesen, schon wieder in Subjekt und Objekt aufgespalten, eine Meinung ist außerdem eine Meinung und nichts objektives.) Sie weiß ja – genau wie wir alle – nicht wirklich, was Krebs ist. Ich versicherte ihr immer wieder, dass ich sofort in eine Klinik gehen würde, wenn meine eigenen Bemühungen erfolglos seien. Soweit kommt es noch, dass meine eigene Tochter mir einen Krebs andichtet, wo ich gerade erfolgreich den Ärzten entronnen war. Dazu fiel mir als Stichwort der ungläubige Thomas ein. Der ungläubige Thomas wollte nicht glauben, dass Jesus wiederauferstanden ist. Jesus erschien deshalb in der Runde seiner Jünger und sagte zu Thomas, er solle seinen Finger in die Wunde legen. Das tat der. Danach sagte Jesus: Weil du gesehen hast, deshalb glaubst du. Selig sind die, die nicht sehen und doch glauben.

Heutzutage sehen die Menschen und wollen doch nicht glauben, was sie gesehen haben. Die Ärzte der Schulmedizin können oder wollen auch nichts dazu beitragen, Krebs den Status einer sterbepflichtigen Krankheit wegzunehmen. Es geht einfach nicht in die Gehirne der westlichen Ärzte, dass Krankheit und Gesundheit keine Gegensätze sind, sondern Ausdruck ein und desselben Lebensstroms.

Doch ich bin nach wie vor überzeugt, dass auch heutzutage jeder Mensch hundert Jahre alt werden kann.

Wohnungssuche

Gleich am ersten Tag nach meiner Rückkehr musste ich wieder arbeiten. Ich hatte also gar keine Zeit, so etwas sie „Jetlag" auszukurieren. Berlin erschien mir so trist, grau, klein und dreckig im Vergleich zu Sydney. Mein Mann holte mich vom Flughafen ab, dafür war ich sehr dankbar. Was er mir am selben Abend allerdings noch offenbarte, damit hatte ich nicht gerechnet. Er war mit der räumlichen Trennung einverstanden und wollte sofort mit der Wohnungssuche beginnen. Ich bat mir ein paar Tage Ruhe aus, und freute mich trotzdem, dass er die Initiative ergriff. Womöglich hätte ich die Sache noch mal verschoben und lieber eine langsamere Ablösung bevorzugt. Es ging dann aber dermaßen schnell vonstatten, innerhalb eines Monats hatte jeder von uns eine passende kleine Wohnung gefunden.

Ich weiß nicht, was er während meiner Abwesenheit alles erlebt und geplant hat, das würde ich nie erfahren, soviel war mir klar, denn auf Anfragen meinerseits hieß es nach typischer Bambara-Manier in solchen Fällen immer: „Die Frauen dürfen nicht alles wissen."
Eine Veränderung sah ich sofort: Er telefonierte jetzt ganz offen mit seiner oder seinen Geliebten, während er früher wenigstens versuchte, es zu verheimlichen, indem er sich im Badezimmer einschloss. Das neue Verhalten führte zu einen Gefühlsausbruch meinerseits, bei dem ich ihm Worte an den Kopf schmiss,

die ich mir selbst nicht zugetraut hätte und die ich niemals wiedergeben könnte und möchte. Zum Glück blieb er ruhig, sonst hätte es Tote gegeben. Dafür bin ich immer wieder dankbar, dass er wenigstens die Nerven behielt, jetzt wo wir so kurz vor dem Ende unseres Ehedramas standen.

Was ich daraus lernen will, ist, meine Gefühle zu beherrschen. Meine Gefühle und meine Gedanken. Ich muss zugeben, dass ich jähzornig bin. Nicht so schlimm wie mein Vater es war, hoffe ich. Denn das war grausam, was ich als Kind erlebt habe. Er konnte seine Arbeit unterbrechen und eine halbe Stunde lang fluchen. Das können nur die Bayern, das ist der Gegenpol zu ihrer Gläubigkeit. Damit hat er sich abreagiert, dann ging es wieder. Kleine Reste von diesem Verhalten habe ich ebenfalls in mir. Meine Gefühle können sich dermaßen schnell ändern, in die eine oder andere Richtung, das ist unglaublich. Der Wechsel von der mimosenhaften Heulsuse bis zur hysterisch schreienden Matrone dauert bei mir nur den Bruchteil einer Sekunde. Und ich bereue jedes Mal nach wenigen Minuten des Ausbruchs, was ich getan oder gesagt hatte. Meistens sind es Worte, die ich nicht zurückhalten kann, unschöne Worte. Dieses Gefühl der Rechthaberei bringt doch nichts Gutes. Daraus können ganze Kriege entstehen. Das ist wie ein Vulkanausbruch, das bringt nur Zerstörung. Bei mir zum

Beispiel zerschlagene Tassen und Gläser während des Abwaschens.

Adama hat sich aber doch einiges zu Herzen genommen. Nun macht er sein Handy immer aus, wenn er mich besucht. Darum hatte ich gebeten, denn ich gebe ihm meine ganze Aufmerksamkeit und das erwarte ich auch von meinem Mann. Ich verstehe auch nicht, ob er jetzt so viele Freundinnen hat, dass es alle zehn Minuten klingelt, oder ob es immer dieselbe ist. Das ist sein Problem.

Was ich noch aus Australien mitgebracht habe, ist: Algen essen. Das konnte ich mir absolut nicht vorstellen. Doch seitdem meine Tochter diese leckeren Snacks im chinesischen Laden gekauft hatte, gewöhnte ich mich an den Geschmack. Man streut sie einfach auf die Suppe oder aufs Brot, schmeckt lecker. Seitdem gehört Misosuppe mit Algen zu meinem täglichen Essen.

Meine Therapie hatte ich unterbrochen, da es verboten ist, Kräuter nach Australien einzuführen. Das war aber nicht der einzige Grund: Die Reise selbst war die Therapie.

Mein Freund der Krebs hatte mitgespielt, er hat sich nicht vergrößert, er ist genau da stehen geblieben, wo er vorher war, nicht kleiner und nicht größer geworden. Ich hatte ihn ja auch dahin programmiert, indem ich gesagt habe: „Du bleibst, wo du bist". Die Tragweite dieser Worte wurde mir erst nach meiner Rückkehr bewusst. Ich hätte auch sagen können, „du machst dich in der Zwischenzeit aus dem Staub", dann wäre jetzt vielleicht kein Knoten mehr da. Sei's drum. Vielleicht brauche ich ihn noch als Mahner? Ich hatte auch immer weniger Angst, dass von diesem körperlichen Zustand noch eine Gefahr ausgehen könnte. Mehr Sorgen machte mir die Beziehung zu Adama. Meine Kräuterfrau hatte mir schöne Komplimente gemacht über meine Figur, als ich mich das erste Mal nach dem Urlaub vorstellte. Sie meinte, ich hätte zehn Kilo abgenommen. Das war wohl etwas übertrieben, aber fünf waren es bestimmt. Sie freute sich wieder mit mir über mein gesundes und kräftiges Aussehen. Sie war ja auch in Urlaub in China und kam mit neuen Erkenntnissen über die Krebstherapie zurück. Die Kräuterbehandlung würde noch mindestens vier weitere Monate dauern, erklärte sie mir, nach erneuter Untersuchung. Zum erstenmal betastete sie auch den Knoten. Sie fand ihn immer noch zu groß und ich musste ihr erneut versichern, dass er um 2/3 kleiner geworden war. Sollte er jedoch größer werden, bestehe sie auf einer Operation. Chinesen lieben Operationen. Ich bin jedenfalls immer noch dagegen. Ein schlechtes Zeichen fand sie auch, dass die Oberfläche nicht glatt ist. Sie gab mir noch Ohrakupunktur und Ernährungstipps. Zu meinem Erstaunen waren es Algen und Löwenzahn. Seetang (Algen) kaufte ich gleich zwei Häuser weiter im Thai-Laden, wo sollte ich

Löwenzahnblätter finden? Später kaufte ich Löwenzahn im Reformhaus als frischen Presssaft.

Neue Bücher

Einerseits beherrschte die Wohnungssuche die kommenden Tage und Wochen, andererseits fand ich neue Bücher, die mich weiterbrachten. Gerne hätte ich mich darin vertieft, doch dann entschloss ich mich auch dafür, schnell umzuziehen, um dann in Ruhe mein eigenes Leben aufzubauen. Ein anthroposophisches Buch finde ich erwähnenswert, „Der krebskranke Mensch". Kurz gesagt ist dem Buch zufolge Krebs der Schrei nach Liebe. Die Patienten wollen nicht nur therapiert, sondern vor allem geliebt werden. Wie recht der Autor damit hat! Und es geht grundsätzlich um den Sinn von Krankheit. Die moderne Medizin verhindert gerade im Fall von Krebs durch das vorschnelle Operieren die Auseinandersetzung des Patienten mit seiner Krankheit, und damit nimmt sie ihm (und vor allem ihr) die Chance zu lernen.
Ein Autor behauptet, der Grund für viele Volkskrankheiten (Diabetes, Krebs) ist Wassermangel im Körper. Sein Titel lautet deshalb provokant: „Sie sind nicht krank, Sie sind durstig", F. Batmanghelidj. Damit meint er sicher vor allem die Qualität des Wassers.
Die Autorin und Erfinderin des Luna-Yoga, Adelheid Ohlig, hatte Gebärmutterkrebs und sich selbst geheilt, genau wie R. Wecker, „Krebs, Erfahrungen einer spirituellen Suche". Ihre Geschichte hat viel Ähnlichkeit

mit meiner, obwohl es auch Unterschiede gibt. Der selbe katholische Hintergrund, eine ähnliche Kindheit. Auch die Bewältigung der Krankheit geht sie ähnlich an, wie ich. Sie sieht auch einen Mutter-Tochter- und einen Partner-Konflikt. Sie hat familiäre Beziehungen zu Indien und geht dort auch auf die spirituelle Suche. Sie fühlt sich auch sehr dem Mond verbunden, lässt sich von ihren Träumen führen, genau wie ich.

Ich visualisiere mich in meiner neuen Wohnung, wie ich mich ausbreite, entfalte, entspanne. Ich kann meditieren, Mantras singen, auf Ordnung achten, sorgsam essen, die Ruhe finden, die ich brauche, neue Kontakte finden, die mich unterstützen.

Abrechnung mit dem Gesundheitssystem

Nach meiner Rückkehr machte ich noch einen letzten Versuch, den Dialog mit dem System aufzunehmen. Erst mal bin ich dem Verein für anthroposophische Heilkunst beigetreten, trotz der schlechten Erfahrung mit dem Chirurgen, einfach aus dem Gefühl heraus, bei dem Patientenaufstand dabei sein zu wollen, der in diesem Jahr in Deutschland stattfindet. 6575 Patienten haben Verfassungsbeschwerde gegen die Streichung der Naturarzneimittel aus dem Leistungskatalog der Gesetzlichen Krankenversicherung eingelegt. Am 26.08.2004 hat das Bundesverfassungsgericht bekannt gegeben, dass es „die Verfassungsbeschwerde nicht zur Entscheidung annehmen" wird, da es den Beschwerdeführern, also den Patienten zuzumuten sei, „in jedem Einzelfall den Rechtsweg vor den Sozialgerichten zu beschreiten." Diese politische Entscheidung wird den Prozess der Patientenmobilisierung zwar verlangsamen, aber nicht verhindern können.
Die Unterschriftenkampagne gegen die Gesundheitsreform, die seit Frühjahr lief, (700 000 Patienten haben unterschrieben) hatte ich verpasst, also wollte ich im Nachhinein noch meine Solidarität zeigen. Ich habe die Übernahme der Kosten für die chinesischen Kräuter bei meiner Krankenkasse beantragt, was natürlich abgelehnt wurde, womit ich ja gerechnet hatte. Doch

der Antrag musste Eindruck gemacht haben, denn ein leitender Angestellter der Krankenkasse rief bei mir zu Hause an, um mir zu sagen, dass der Gesetzgeber schuld sei, dass er nicht anders entscheiden könne. In der Hoffnung auf einen schnellen Informationsaustausch schrieb ich ihm folgende Email:

„Sehr geehrter Herr R.,
mit Ihrem Schreiben vom 19.8. haben Sie sich aber viel Mühe gegeben.
Ich sehe das als gutes Zeichen, es zeigt Dialogbereitschaft.
Immerhin habe ich schon erreicht, dass der Chef persönlich bei mir zu Hause anruft, wann hat man das schon.
Sie bitten auch um mein Verständnis, auch das ist gut. Eine Sache verstehe ich aber noch nicht ganz: Wie können Sie ruhigen Gewissens von mir verlangen, dass ich vier Ärzte bezahle, die mir mehr geschadet als geholfen haben, und Sie selber leben ja auch ganz gut von meinem Geld.
Ich weiß, es ist das System, aber Sie scheinen ganz gut damit leben zu können. Sowas nennt man Mitläufertum, das hatten wir doch in der Vergangenheit schon mal.
Wieviel haben Sie denn der Anthroposophischen Klinik überwiesen? Und Frau W., die absolut keine Ahnung von Krebs hat? Genauso Frau R., die auch nur

das nachplappert, was die ‚Experten‚, vom Urban-Krankenhaus' ihr vorgekaut haben. Und dem Radiologen, dessen Methoden Krebs erzeugen, anstatt zu verhindern. Ich habe inzwischen mehr Ahnung von Krebs, als diese vier Ärzte zusammen.

Mein Geld gehört mir, ich glaube ich muss diese ganzen Idioten nicht bezahlen.

Ich musste mir ja auch noch eine Therapeutin suchen, und die muss ich auch noch bezahlen, genauso wie die Medizin, die mir wirklich geholfen hat.

Wie soll das rein rechnerisch gehen, ich verdiene doch weniger als 1000 Euro? Jetzt bitte ich Sie mal um Verständnis."

Auf diese Email bekam ich keine Antwort mehr. Keine Antwort ist auch eine Antwort.

Einen kleinen Schock habe ich erlebt, als ich bei einem Open-Air-Fest einen Stand der Kassenärztlichen Vereinigung sah. Ich versuchte auch hier, mit den Leuten ins Gespräch zu kommen, doch man wollte mir nur den Blutdruck messen. Ich tat ganz naiv und fragte einen der Ärzte, warum sie diesen Stand machten. Er sagte, sie wollten sich mehr in der Öffentlichkeit präsentieren, sich als Ärzteverwaltung bekannt machen. Nun konnte ich mich nicht mehr zurückhalten und antwortete: „Sie sind doch als Arzt zur Zwangsmitgliedschaft verpflichtet." Das war ihm zuviel, vielleicht war er ja gar kein Arzt, sondern Krankenpflegehelfer oder etwas anderes, jedenfalls verschwand er in seinem Häuschen.

Das Sprichwort „Die, die etwas wissen, sagen nichts und die, die nichts wissen, reden immerzu" traf hier voll zu. Denn einige von ihnen (den Ärzten) mussten ja etwas wissen. Diesen im Hintergrund agierenden, mächtigen, denen wollte ich auf die Spur kommen. Wer sind diese „grauen Eminenzen" im Hintergrund, von denen sogar der Krankenkassenchef gesprochen hatte, denen sogar die Politiker gehorchen? Sind es die Grauen oder ist es das Grauen persönlich? Auch das kann mich nicht erschrecken. In einer Vision sah ich schon vor ca. zehn Jahren das Grauen, ich schaute es mir an, ohne zurückzuweichen. Ich ging hindurch, wie jetzt durch diese Krankheit.

Ich halte nichts von Gespenstergeschichten, das können Sie mir glauben. Ich will nachts einfach ruhig schlafen. Aber manchmal nehme ich doch das eine oder andere wahr, was nicht zu übersehen ist. Meine ältere Schwester hat mich, als ich noch klein war, genug geplagt mit ihrer Hellseherei. Sie hat nachts Besuch von Toten bekommen, die noch gar nicht tot waren. Aber man konnte sicher sein, wenn sie diese Geister der Leute gesehen hat, waren die nach einigen Tagen doch gestorben. Sie haben sich sozusagen verabschiedet. Meine Mutter ist mir auch ein halbes Jahr nach ihrem Tod erschienen.

Die Freundin

Eine alte Bekannte tauchte nach Jahren der Abwesenheit plötzlich bei mir auf. Ich erzählte ihr, dass ich umziehen werde und mich von meinem Mann trenne. Beiläufig fragte ich, ob sie nicht eine Wohnung suche. „Nein", meinte sie, „ich habe doch gerade ein WG-Zimmer gefunden". Zwei Tage später stand sie wieder vor der Tür und sagte: „Ich nehme die Wohnung". Das erleichterte vieles, sie übernahm nicht nur den größten Teil der Renovierung, sondern stand mir auch in der seelischen Auseinandersetzung bei. Immerhin habe ich mehr als 20 Jahre in der Wohnung gewohnt, das fällt nicht so leicht, sich zu verabschieden. Mit ihrer Hilfe konnte ich mich nach und nach von der gewohnten Umgebung abnabeln. Wochenlang pendelte ich zwischen der alten und der neuen Wohnung hin und her. Doch nach dem Umzug hat es genau drei Tage gedauert, bis ich in Gesprächen meine neue Adresse als „mein Zuhause" bezeichnete. So ein Umzug hat verschiedene Dimensionen. Zum einen das finanzielle, das kann einen ganz schön aus der Fassung bringen, wenn der Kontostand immer weiter ins Minus rutscht, zum anderen die neue Umgebung. Alles muss erforscht werden, wo sind die Einkaufsmöglichkeiten, wo ist die Post usw. Bis jetzt kenne ich zum Beispiel keine Apotheke in meiner Nähe, die brauche ich ja auch nicht mehr.

Eine Menge Stress hat man zu bewältigen, man sagt sich: „Ich ziehe nie wieder um!" Aber es lohnt sich. Alleine das Ausmisten der alten Wohnung war eine Aufgabe, was sich da alles angesammelt hatte. Wenn man bedenkt, dass die Wohnung die Verlängerung unseres Körpers ist, kann man sich vorstellen, dass das miteinander korrespondierte, die Verschlackung des Körpers und das Verdrecken der Wohnung – ein und das selbe Phänomen.

Mein schönes neues Leben

Tagebucheintrag Oktober 2004

Zum erstenmal in meinem Leben wohne ich allein. Ich bestimme, wie ich wohne, wo ich wohne, was ich esse, wie ich schlafe, was ich in meiner Freizeit mache etc. Dazu musste ich erst mal 55 Jahre alt werden! Ich bin in einer euphorischen Stimmung. „Zufällig" treffe ich einen alten Bekannten, der Ahnung von Geomantie hat. Ich bitte ihn, meine neue Wohnung auf Erdstrahlen und Wasseradern zu untersuchen und den besten Platz für mein Bett ausfindig zu machen. Das alles kostet mich nichts! Wie der Zufall so spielt...

Die ersten Tage und Wochen in meiner neuen Wohnung waren erst mal ungewohnt. Vor allem die erste Nacht! Ich konnte mir ehrlich nicht vorstellen, wie ich die überleben sollte. Ich hatte richtig Angst davor. Ich bin dann aber Schritt für Schritt in die Nacht hineingewachsen.
Und so habe ich mir dann nach und nach auch die nähere Umgebung angeschaut, meinen neuen Weg zur Arbeit ausgekundschaftet. Was ich nicht so schön fand, war die Tatsache, dass mein lieber Mann, von dem ich mich ja nun erst mal *nur räumlich* getrennt habe, sich eine Woche lang nicht gemeldet hat und mich

mit nicht funktionierender Waschmaschine, ohne Strom und mit diversen anderen Unpässlichkeiten alleine gelassen hat. Ich hatte doch nicht umsonst einen Handwerker geheiratet! Nun musste ich wieder mal einsehen, dass nichts passiert, wenn man es nicht selbst macht. Ich musste entweder selbst diese Dinge lernen, oder einen Fachmann bezahlen. Mein Fahrrad aufzupumpen, lernte ich irgendwann, für den Rest musste ich eben bezahlen.

Als Adama dann nach einem Monat das erste Mal zu Besuch kam, musste er auch gleich wieder weg. Sein Handy klingelte ständig, ich hatte das Gefühl, seine Geliebte wartet gleich unten vor der Tür. Dieses Verhalten hatte für uns beide Folgen, und zwar ziemlich unangenehme. Ich rief ihn am nächsten Tag auf seiner Arbeitsstelle an, um ihm zu sagen, dass ich ihn nie wiedersehen wollte. Ich habe ihn mit Worten, die er noch nie von mir gehört hat und über die ich mich selbst erschreckt habe, beleidigt und beschimpft.

Er stand gleich nach der Arbeit vor meiner Tür. Ich machte nicht auf. Ich hatte mich so in meine Hass- und Rachegefühle hineingesteigert, dass ich glaubte, er würde mich schlagen, wenn ich aufmachte. Adama hatte mir einmal erzählt, wie er einmal seine frühere Freundin geschlagen hatte, so dass man sie ins Krankenhaus bringen musste. Das war aber eine alte Geschichte, und für die jetzige Situation nicht ausschlaggebend. Er stand vor der Wohnungstür, ich dahinter und wir schrieen uns gegenseitig an. Dann benutzte er einen Trick, oder vielleicht war es auch die Wahrheit, das kann ich nicht wissen. Er sagte, er habe soeben eine Strafe von 5000 Euro bekommen, er sei am Ende. Ich bekam Mitleid und öffnete vorsichtig die Tür. Nun begann das Drama. Er beschuldigte mich, ich wäre eine Hexe, ich wäre schuld, dass er die Strafe bekommen habe. Dazu muss man wissen, dass die Bambara glauben, ihre erste Frau sei eine Hexe, weil sie ihren Mann so gut kennt, besser als er sich selbst, und dadurch könne sie ihm Schaden zufügen. Ich wehrte die Vorwürfe entschieden ab und sagte zu ihm, er solle mich mit seinem afrikanischen Aberglauben in Ruhe lassen. Wenn er nichts Schlimmes gemacht hätte, würde er auch keine Strafe bekommen, was habe ich damit zu tun?

Wir beruhigten uns allmählich im Laufe des folgenden Gesprächs und Adama bat mich zum Schluss, das Buch „Segu" von Maryse Condé nochmal zu lesen, dann würde ich ihn besser verstehen. Innerlich dachte ich, wann kommt er mal auf die Idee, *mich* verstehen zu wollen, doch als er weg war, griff ich gleich zu dem Buch.

Die Autorin schildert in Romanform den historischen Untergang des Bambara-Reiches Ende des 18. Jahrhundert. Sie erzählt von Dusika Traorè, einem mächtigen Mann in der Feudalhierarchie, der seiner ersten Frau Nya einen Teil seiner Autorität übertragen hat, sie ist ihm gleichgestellt. Er kann nichts gegen ihre Respektlosigkeit machen. Sie hasst ihn, denn er begehrt sie nicht mehr. Er ist reich, er kann außer seinen fünf Ehefrauen jede Frau haben. Und sie hat Mitleid mit ihm, wie er so zwischen seinen vielen Frauen hin- und herrennt. Sie versorgt alle seine Kinder, hilft bei der Geburt seines Jüngsten.

Plötzlich wurde mir einiges klar. Ich rief Adama gleich nochmal an und sagte: „Hör zu, ich *war* deine *bara musso*, deine erste Frau, das war aber vor 200 Jahren in Segu. Jetzt leben wir in Berlin, es ist das Jahr 2004 und in Deutschland gibt es keine Polygamie! Ich bin nicht nur deine erste, sondern deine einzige Frau!"

Der Vorfall mit den 5000 Euro gab mir schwer zu denken. Bin ich dermaßen mit dem Universum in Verbindung, dass alle meine Wünsche in Erfüllung gehen, noch ehe ich mir selbst darüber im klaren bin, auch die negativen? Dann Vorsicht. Ich bat das Universum mich von solchen schlechten Taten fernzuhalten und versprach, meine Kräfte nur für Gutes zu verwenden.

Auch Adama gestand, dass er mit den Frauen spielt, wie er will, nur bei mir hat er diese Chance nicht. Gut so. Wir sind gleichgestellt, wie Nya und Dusika. Als ich ihn fragte, ob nicht doch die Scheidung besser wäre, ein Schlussstrich sozusagen, antwortet er: „Wir sind auf ewig verbunden, wir können uns nicht trennen."

Ist das wieder Bambara-Philosophie oder ein Naturgesetz? Oder ist das eine mit dem anderen identisch? In den folgenden Tagen dachte ich viel darüber nach. Der Schock ging tief. Ich fragte mich, wodurch wir auf ewig verbunden sind, das kann doch nur die Liebe sein, mein Lieber.

Ich fragte ihn direkt ob er mich noch liebt. „Ich habe dich geliebt", sagte er.

Gut zu wissen. Ich war mir sicher, dass er keinen Grammatikfehler gemacht hat. Ein paar Tage später trafen wir uns wieder. Er hatte anscheinend auch nachgedacht, denn er erzählte mir die Geschichte über die Weisheit der Elefanten. „Niemals würde ein Elefant so dumm sein, einen Tamarindenbaum zu beschädigen", sagte er. Sie fressen alles, reißen ganze Bäume aus, trampeln alles nieder, aber sie nehmen keinen Ast, ja nicht mal ein Blatt von einer Tamarinde.

„Warum nicht?", fragte ich mal wieder ahnungslos, vermutete aber wieder ein Naturgesetz dahinter.

„Die Jäger sagen, der Tamarindenbaum ist der Geburtshelfer der Elefanten. Zur Unterstützung bei der Geburt lehnen sich die Elefantenmütter nur an eine Tamarinde, an keinen anderen Baum."

„Schön, dass du nicht vergessen hast, wer dich die letzten zehn Jahre gefüttert hat," sagte ich. Ich ahnte, dass die Zeit des Geschichtenerzählens bald vorbei sein würde. Aber aus diesen Geschichten sprach eine alte, von der Tradition her rührende Moral, der er sich verpflichtet fühlt und die es ihm verbietet, mich schlecht zu behandeln. Das beruhigte mich.

In diesen Tagen fiel mir auch die Geschichte „Von der Frau, die ihren Mann mit Löwenmilch zurückgewann" wieder ein. Diese Geschichte hatte mir Adama kurz vor dem Umzug erzählt.

> „Ein berühmter Imam (die sind ja meistens berühmt), wollte sich eine jüngere Frau nehmen, um seine Berühmtheit weiter zu steigern. Da blieb es nicht aus, dass seine erste Frau sich mit der Zeit vernachlässigt fühlte. Eine Scheidung kam für sie nicht in Frage, sie war ein einigermaßen luxuriöses Leben gewohnt, das wollte sie nicht aufs Spiel setzen. Sie ging zu einem anderen Marabut, um sich beraten zu lassen. Er sagte, er könne ihr helfen, aber es würde sehr schwer sein.
>
> „Sagen Sie mir, was ich tun soll, ich werde es tun", meinte die Frau.
>
> „Wir brauchen einige Dinge, die besorgt werden müssen, das schwerste wird die Löwenmilch sein", sagte der Marabut.
>
> Er garantierte ihr, wenn sie diese Löwenmilch beschaffen könnte, würde ihr Mann wieder zu ihr zurückkehren.
>
> Die Frau überlegte einige Tage und Nächte und dann führte sie ihren Plan aus. Als erstes kochte

sie ein leckeres Essen und lud den Jäger ein, mit ihr zu essen, als ihr Mann mal wieder nicht zu Hause war. Sie hatte sehr lecker gekocht und der Jäger verriet ihr während des köstlichen Mahls, wo in der Savanne die Löwen zu finden wären.

Einige Tage später ging sie mit einem Bündel in der Hand in die Savanne hinaus. Sie kletterte auf einen Baum und wartete. In der Ferne sah sie die Löwen. Sie öffnete ihr Bündel und holte einige Fleischbrocken heraus, die sie in Richtung der Löwen warf.

Löwen brauchen immer viel Fleisch. Schon kamen sie in ihre Richtung, um sich die Brocken zu holen. Das machte die Frau einige Tage lang. Die Löwen wurden immer zutraulicher, bis sie eines Tages schon unter dem Baum warteten, als die Frau kam.

Die Nachbarn hatten sie schon gefragt, wofür sie soviel Fleisch eingekauft hatte. Sie hatte geantwortet, sie brauche das Fleisch, um ein großes Opfer dar zu bringen.

Sie besuchte jeden Tag weiter die Löwenfamilie. Das machte sie solange, bis sich die Löwenmutter eines Tages sogar streicheln ließ, während ihre Jungen sich mit den Fleischbrocken vergnügten. Diese Gelegenheit nutzte die mu-

tige Frau, melkte einige Tropfen Milch in ein Blatt und ging zum Marabut.
Der Marabut lächelte, als er sah, was sie mitgebracht hatte. „Die Milch brauche ich nicht", sagte er, „ich rate dir aber, mit deinem Mann genauso viel Geduld zu haben, wie mit den Löwen."

Ach du lieber Gott, wo soll ich nun Löwenmilch herbekommen? Darf es nicht etwas anderes sein, vielleicht Kokosmilch?
Ich lese schon die Schlagzeile in der BZ: „Verrückte Alte vor Löwengehege im Zoologischen Garten festgenommen, als sie versuchte, über das Gitter zu klettern. Bei der Vernehmung der sich heftig wehrenden, verstörten Frau erklärte diese, sie brauche dringend Löwenmilch, um ihre Ehe zu retten."
Die Frau in der Geschichte hat es tatsächlich geschafft, dass ihr Mann sich wieder um sie kümmerte. Und wie?

Jeden Freitag nach dem großen Gebet begleiteten die Gläubigen ihren berühmten Mann auf den Hof, um seine Gegenwart zu genießen und ihm vielleicht die eine oder andere Frage zu stellen. Die Frau jedoch hatte während des Gebetes außerordentlich lecker gekocht und lud die ganze Gemeinde zum Essen ein. Dafür wurde ihr Mann sehr gelobt, denn sie hatte behauptet, das Essen hätte der Mann bezahlt, obwohl er davon nichts wusste. Mit der Zeit sah der Imam ein, dass er mit seiner alten Frau zusammen doch noch mehr Ruhm und Ehre bekommen konnte, und er gab der jungen Frau den Laufpass.

„Ein alter Topf kocht immer leckeres Essen" – Bambara-Sprichwort

Ein weiteres Buch hat mir in den folgenden Wochen meines neuen Lebens sehr geholfen: „Und meine Seele öffnete sich", von Iyanla Vanzant. Ein 40-Tage-Programm zur Überwindung seelischer Krisen. Die Autorin begeisterte mich vom ersten Satz an. Und sie hat einen unglaublichen Humor! Nach ein paar Seiten erwähnt auch sie eine Frau, die ihren Brustkrebs überwunden hat! Ihr Buch ist so erfrischend, eine geistig-seelische Frischzellkur!
Sie sagt, alle Menschen haben dasselbe Wissen, denselben Glauben, dieselbe Kraft. Es ist dieselbe Quelle. Wir sind alle Teil dieser Quelle. Das bedeutet, Sie, ich, der Bundeskanzler, wir alle haben dasselbe Wissen, falls wir uns dafür öffnen. Früher wollte ich ja immer Bundeskanzlerin werden, danach Päpstin. Ich war tatsächlich auf einem „Vorbereitungstreffen zur Gründung einer feministischen Partei." Aber nur einmal. Die Leiterin der Gruppe war krank, sie hatte

eine Lebensmittelallergie. Alles war so trostlos. Da saßen wir herum, und wollten dem System den Kampf ansagen, wussten aber nicht wie. Alles Irrwege, Zeitverschwendung.
Der Mystiker Jakob Böhme sagt zum Thema Zeit: „Wem Zeit ist wie Ewigkeit und die Ewigkeit wie die Zeit, der ist befreit von allem Streit."
Wenn es überhaupt eine Zeit gibt, dann ist jetzt die Zeit, wo sogar Putzfrauen aufwachen. Manche glauben ja, die können nur putzen, aber bei mir ist es wieder einmal ganz anders, ich kann gar nicht putzen. Ich verstehe selbst nicht, warum man mir immer solche Jobs gibt. Das Leben in dieser Zeit ist unerträglich aufregend. Manchmal ist es auch nur unerträglich.
Ich sehe das so: Das, was wir normalerweise Leben nennen, ist gar nicht das wahre Leben. Wir entfernen uns von der Quelle, machen einen Spaziergang, und bilden uns ein, das sei unser Leben. Dann verlaufen wir uns, und finden den Weg nach Hause nicht mehr. Ich gebe zu, ich habe mich total verrannt. Zum Glück fand ich dieses Hinweisschild „Brustkrebs", das mich wieder auf den rechten Weg bringt. Auf dem Schild hätte genauso gut „Herzinfarkt" oder „Aids" stehen können. Es sind ja inzwischen so viele Leute krank, dass es geradezu das normale ist, schwer krank zu sein.

Tagebucheintrag 4. November 2004

Ich erwache mit einem wunderschönen Bild: Ich sehe eine aufrecht stehende Person mit ausgebreiteten Armen, die zum Himmel erhoben sind. Die Person ist nicht ganz deutlich zu sehen, es könnte auch eine Blume sein, die sich dem Licht entgegenstreckt, in der Mitte eine noch fast geschlossene Knospe, der Kopf der Person.

Von oben strahlt Licht auf die Person, und diese strahlt ebenfalls Licht aus, die beiden Lichtkegel treffen sich an einem Punkt der höchsten Strahlkraft. Jetzt sieht es aus wie der Davidstern, ein Sechseck, aus zwei Dreiecken bestehend, von denen das eine mit der Spitze nach oben zeigt und das andere mit der Spitze nach unten. Ich bin von Freude erfüllt. Alles ist in Licht eingetaucht.

Ein zweites Bild erscheint. Es ist Nut, die ägyptische Gottesmutter, die ihren Körper um die Erde spannt und aus deren Brüsten Nahrung fließt für die Erdengeschöpfe.

Ich bin mit Liebe angefüllt. Ich bin Nut, die Nahrung spendende Mutter.

Ich massiere meine Brust mit Sanddornöl und bin von rot-orange-gelb-goldenen Farben umgeben. Ich massiere den Knoten aus meiner Brust heraus, diese zu lange festgehaltene Liebe, gefrorenen Gefühle, verhärtetes Bewusstsein. Wellen subtiler Energie durchströmen mich, ich schwimme in Farben, ein Orgasmus auf einer höheren Ebene. Alle Spannungen sind aus meinem Körper verschwunden, Sklerose, Arthrose, Skoliose, alles weg, in einem einzigen Augenblick.

Tagebucheintrag Ende November 2004

Endlich habe ich mich in meiner neuen Wohnung eingelebt. Nach wochenlangem Chaos, zwischen unausgepackten Kisten, klebrigen Fußbodenresten, noch nicht installierten Elektrokabeln komme ich jetzt wirklich zur Ruhe. Die Waschmaschine funktioniert, die Bücher stehen ordentlich im Regal, das Notizbuch habe ich wiedergefunden, mein normaler Tagesablauf, so wie ich es mir gewünscht habe, beginnt. Es fühlt sich genau so an, wie ich es mir vorgestellt habe. Ich sitze mit einer Tasse Tee auf dem Sofa, schaue in meinen Wintergarten hinaus und sage mir immer wieder: Das ist mein schönes neues Leben. Jetzt gibt es nur noch Staunen und Genießen. Die Quälereien des Umzugs ringen mir nur noch ein Lächeln ab. Die Erinnerung an den Nachmittag, an dem ich jeden Blumentopf einzeln drei Treppen hoch getragen habe verschwimmt langsam. Ich benutze das Wort Krebs ab sofort nicht mehr. Ich habe doch kein Tier in meiner Brust. Es gibt kein unabhängig von mir existierendes Wesen in meinem Körper, ich bin immer noch der Boss, klar? Es gibt keinen Unterschied zwischen mir und dem Krebs, oder noch besser, es gibt keinen Krebs. Wer soll das Tier in mir sein? Meine Brust braucht Aufmerksamkeit, Zuwendung, Licht und Liebe, das ist alles. Ich war verloren, und jetzt bin ich wieder auf dem Trail, wie die Indianer sagen, das ist alles. Ich merke es immer deutlicher: Sobald ich etwas falsch mache, falsch esse, falsch denke oder fühle, juckt es irgendwo am Körper, ich werde nervös oder ungeduldig.

Ich hatte mich also gut eingerichtet und fand bald Zeit zum Lesen, meine Lieblingsbeschäftigung. Die Bücher hatte ich schon sortiert, einen Stapel beiseite gelegt, die mir für meine jetzige Lage irgendwie bedeutsam schienen. Ich bin so froh, in dieser Zeit des Wissens zu leben, man kann so viel verstehen, was früher nicht möglich war. Man muss sich allerdings Zeit dafür nehmen, Freiraum schaffen, gegen den Strom schwimmen, eine Auszeit nehmen, sozusagen. Ich habe jedenfalls meine Mitte wiedergefunden. Ich selbst bin jetzt mein Mittelpunkt. Auch körperlich haben sich merkwürdige Dinge getan. Mein Körper hat sich noch mal verjüngt. Die ganze Form hat sich geändert, die X-Beine sind verschwunden, der Bauch steht nicht mehr so nach vorne abgeknickt raus, ich habe die Mitte integriert. Ich fühle mich drahtig wie

ein junges Mädchen. Alte Klamotten, die ich schon wegschmeißen oder verkaufen wollte, passen plötzlich wieder. Ich fühle mich so jugendlich, wie neu geboren. Schreibe in einer Email an meinen geschiedenen Ehemann nach Indien: „Sehe jetzt aus wie 30". Er antwortet: „Wenn du so weitermachst, siehst du bald aus wie dein eigener Enkelsohn".
Ich führe jetzt wieder das Leben einer unabhängigen Frau. Ich kann meine eigene Meinung sagen, egal zu wem. Ich muss keinem Besserwisser mehr zuhören. Zwar hat es lange gedauert, zu dieser Einsicht zu gelangen, aber noch ist es nicht zu spät. Vielleicht werde ich doch 90 oder 100 Jahre alt? Davon bin ich eigentlich immer ausgegangen bei meiner Lebensplanung. Ich habe ja noch viel nachzuholen. Ich darf jetzt reden. Auch die Bambara dürfen erst nach 40 reden, bis dahin müssen sie den Alten zuhören. Bis 40 kann jeder Mann von einem älteren Bruder geschlagen werden, wenn er etwas falsch macht.

„Einer der hundert Bücher gelesen hat,
einer der hundert Städte gesehen hat,
und einer der hundert Jahre alt ist,
die können sich unterhalten" (Bambara-Weisheit)

Der Rückfall

Eines Mittags, ich lag gerade bequem auf meinem Sofa und genoss mein schönes neues Leben, wurde ich durch ein auffälliges Jucken am rechten Fuß gestört. Es war so aufdringlich, dass ich meine Socke förmlich herunterriss, um zu sehen, was es war. Eine dicke blutgefüllte Erhebung, die zusehends größer wurde! Ich bekam Panik.

Was sollte ich tun? Ich konnte nicht telefonieren, denn die Telekom hatte mir schon vor zwei Wochen das Telefon gesperrt.

Blieb wieder nur die Selbsthilfe. Ich rannte schnell ins Bad und hielt meinen rechten Fuß unter fließendes, eiskaltes Wasser. Nach einigen Minuten verschwand der Pickel zur Hälfte. Mein Herzschlag normalisierte sich langsam wieder. Ich hatte wirklich Todesangst gehabt. Ich rieb meinen ganzen Körper mit nasskalten Tüchern ab, um meinen Kreislauf wieder in Schwung zu bringen. Was war nun schon wieder los? Was hatte ich falsch gemacht?

Zeitgleich bildete sich auf der rechten Hand, an derselben Stelle wie am Fuß, also zwischen dem kleinen und dem Ringfinger ein Blutfleck. Ich konnte mich nicht erinnern, mich irgendwo gestoßen zu haben.

Es war ähnlich wie am Beginn der Erkrankung vor nunmehr fast einem Jahr. Muss ich denn diesen Müll endlos wiederholen, wann werde ich diesen schrecklichen Kreislauf durchbrechen? Ich dachte, ich wäre ein für allemal geheilt?

„Überlass das Denken den Pferden, die haben größere Köpfe", hatte mein Vater in solchen Situationen immer gesagt.

Zum Glück kam bald darauf Adama zufällig überraschend vorbei, so dass ich mit seinem Handy meine Heilpraktikerin anrufen konnte. Ich bekam gleich für den nächsten Tag einen Termin. Sie merkte, dass ich immer noch panische Angst hatte, deshalb wollte sie mich sofort an einen Spezialisten überweisen. Mit meinem Blut würde irgend etwas nicht stimmen. Gleich im Hause sei einer, dort könnte ich zur Blutabnahme hingehen. Ich wehrte entschieden ab. „Das Theater kenn ich", sagte ich zu ihr, während sie schon die Überweisung ausfüllte. Nun hatten wir beide ein Problem.

Es dauerte eine Stunde, bis wir wieder gemeinsam an einem Strang zogen. Ich versicherte ihr, dass ich die Verantwortung für meine Gesundheit voll und ganz selbst übernehme. Sie studierte wieder ausgiebigst ihre Heilkräuterbücher und mit einem neuen Rezept verließ ich voller Zuversicht die Praxis. Als Abschiedsgeschenk bekam ich noch eine Packung Shiitake-Pilz-Kapseln und eine Anleitung für eine Chi Gong Übung, die ich drei mal täglich ausführen sollte.

Und wie immer an solchen Tagen, an denen alles schief geht, stürzte auch der PC noch ab. Die Datei mit dem

Buch ließ sich nicht öffnen. Mein Buch, mein Leben, wo bist du? Hat jetzt mein PC-System auch noch einen Virus, oder was? Und keiner da, den man fragen könnte. In solchen Fällen ist alleine wohnen weniger schön. Dank der allmächtigen Telekom konnte ich noch nicht einmal anrufen oder Emails schreiben. Endzeitstimmung.

Ich entschloss mich, einen Brief an die Telekom zu schreiben, um zu fragen, warum sie mir ohne Vorwarnung grundlos das Telefon gesperrt hätten. Wahrscheinlich würden sie sowieso nicht antworten. Wahrscheinlich gibt es gar keine Telekom.

In den folgenden Tagen vermehrten sich die juckenden Pickel. Am rechten Fuß, am linken Ellenbogen und unter den Achseln sowie an den Handrücken war es besonders schlimm. Das Blut schien irgendwie zu kochen, die juckenden Flächen waren zusätzlich noch heiß. Das anfängliche Kälte-Syndrom schien jetzt ein Hitze-Problem zu werden.

Ich sah es ganz deutlich: Der Pickel am Ellenbogen und der Knoten an der Brust hatten dieselbe Stuktur und Farbe. Was hatte ich nur falsch gemacht? Ich versuchte zu analysieren, wie ich in den letzten Tagen gelebt hatte. Hatte ich falsch gedacht, gefühlt, gegessen? Ja, das Essen könnte es gewesen sein. Wieder zuviel Kaffee getrunken, dazu Kuchen gegessen, zwischendurch auf dem Weg zur Arbeit jede Menge Kekse. Möhren fehlten in der Küche, und Hirse zu kochen dauerte viel zu lange. Die Misosuppe mit Algen hing mir nach zwei Monaten schon zum Halse raus, dieser Ernährungsweg war nicht wirklich meiner, das war klar. Das einzige woran ich mich gerne hielt, war der Rote-Beete-Saft. Die Kräutertees hatte ich auch schon lange nicht mehr getrunken. Ein Buch zu schreiben ist keine leichte Sache für eine Putzfrau, Konzentration war noch nie meine Stärke, das ging nicht ohne schnelle Energiezufuhr.

Ich brach alle Aktivitäten ab, fing wieder von vorne an, aß zwei Tage nichts, trank wieder 3 Liter Tee pro Tag. Es wurde besser. Ich verlor die Geduld mit dem Knoten. Ich sprach ihn wieder direkt an: „Freundchen, es ist aus mit der Freundschaft, ich kann auch anders. Statt Rosenöl gibt es Knoblauchkompressen, dann ein Schwedenkräuterbad, Schluss mit lustig."

Ich legte Tag und Nacht Watte mit dieser Höllenmedizin auf, und schon nach wenigen Tagen musste diese dumme Ingwerknolle den Rückzug antreten. Das Schlechte, Böse, wurde herausgezogen, die Watte war nach der Behandlung dunkel verfärbt. Narben und Schorf bildete sich, es schmerzte auch. Doch ich gab nicht auf. Ich nahm der Reihe nach alle Mittel, die mir inzwischen zur Verfügung standen. Schade, dass ich Huldas Zapper nicht gekauft habe, den hätte ich jetzt mit Vergnügen benutzt.

Vielleicht hatte die Chinesin doch recht, als sie sagte: „Sie müssen Ihre Krankheit hassen".

Um mir selbst Mut zu machen, erfand ich auch noch das AA-Ritual. AA steht für Anti-Angst. Wir müssen uns auch geistig-seelisch reinigen, nicht nur körperlich. Ich kaufte mir eine große Tüte mit bunten Luftballons, suchte eine Farbe nach meiner Tagesform aus und blies kräftig rein, bis er kurz vor dem Platzen war. Dann ging ich ins Freie, drehte mich in alle vier Himmelsrichtungen und stach mit einem Zahnstocher hinein, paff. Ich stellte mir vor, dass mit dem Knall alle Ängste, Zweifel und was sich noch alles angesammelt hatte, zerstreuten. Alles weg, nichts mehr da, wie in dem ersten Traum. Das neugierige Schauen der Nachbarskinder auf dem Spielplatz störte mich nicht. Ich winkte ihnen zu, und ging erleichtert nach Hause. In meiner alten Nachbarschaft hätte ich sicherlich Hemmungen gehabt, so etwas zu tun, aber hier kannte mich ja keiner. Nun gab es kein Zurück mehr, es musste weitergehen.

Ich konnte wieder klar denken: „Was ist mit Ihrem Blut los?", hatte die Heilpraktikerin gefragt. Dieser Frage ging ich nach. Blut bedeutet ja auch Familie, da fiel mir als erstes ein, dass meine älteste Tochter kurz nach der Geburt fast gestorben wäre, hätte man nicht einen Blutaustausch gemacht. Sie hat also völlig fremdes Blut bekommen, ist sozusagen mit fünf Tagen schon eine andere geworden. Als Ursache vermuteten damals die Ärzte eine Übertragung von Bazillen oder ähnlichem von meinem Blut zu ihrem während

der Schwangerschaft. Es wäre also eine Krankheit gewesen, die ich schon in mir hatte und die sie, meine Tochter dann bekommen hat, während ich keinerlei Symptome hatte.
Zufällig (schon wieder, auch das wiederholte sich) rief meine Schwester aus Bayern an, was mich wunderte, denn ich war seit 15 Jahren nicht mehr in Bayern gewesen und hatte den Kontakt verloren. Wir redeten über meine letzte Entwicklung und während des Gesprächs erfuhr ich, dass unsere Mutter gar nicht an einer Herzmuskelschädigung gestorben sei, (das hatte man der Familie nach ihrem Tod erzählt) sondern an Leukämie. Das hätten die Nachforschungen im Krankenhaus ergeben. Schon wieder eine Arztlüge, dachte ich im Stillen.

„Hoffnung
Die Hoffnung des Fisches ist das Wasser.
Die Hoffnung des Vogels ist ein großer Baum.
Die Hoffnung einer Frau ist der Mann.
Die Hoffnung eines Mannes ist seine Frau.
Ein Mensch ohne Hoffnung kann nicht lange leben."
(Bambara-Weisheit)

Meine Hoffnung ist mein Enkelsohn. Die Hoffnung der Weißen sind die Schwarzen. Die Hoffnung der Schwarzen sind die Weißen.

Tagebucheintrag 1.Dezember 2004

Vollmond
Nachts über die Fülle meditiert. Ich bin so zufrieden, so angefüllt mit Frieden. Ich verstehe mehr und mehr, dass ich alle meine Gefühle selbst hervorrufe. Nur ich selbst bin für alles verantwortlich, was mit mir geschieht, sei es nun gut oder schlecht, angenehm oder unangenehm.

Sechster Traum

Tagebucheintrag 2. Dezember 2004

Ich umarme die Großmutter.
Ich muss zwei Hochzeiten organisieren. Die ersten Gäste kommen bald, nichts ist fertig. Ich gerate in Hektik. Es sind zwei verschiedene Orte, an denen die Feier stattfindet. Jemand sagt, deine Großmutter ist da. Ich renne zu dem Ort, um sie zu begrüßen. Sie putzt die Toiletten. Ich habe sie noch nie gesehen, sie mich auch nicht. Wir umarmen uns, es ist so selbstverständlich. Sie hat keine grauen Haare, sondern kurze braune. Das Gesicht ist ganz faltig. Sie hat dieselbe Größe wie ich. Meine Mutter putzt auf der anderen Hochzeit. Ich renne wieder rüber, alles ist nur halbfertig, die Zeit drängt. Ich hoffe nur, dass Mutter und Großmutter mir helfen. Es sind auch noch viele andere Helfer da. Besen stehen im Flur herum.

Nach diesem Traum wachte ich um 5.00 h auf. Nachts hatte ich ein Gefühl von Stagnation. Nicht wissen, was zu tun ist. Deshalb freue ich mich, dass meine Großmutter gekommen ist, um mich zu unterstützen. Ich nehme meine Träume ja immer sehr wörtlich.

Als erstes fiel mir ein Spruch ein: „Man kann nicht auf zwei Hochzeiten gleichzeitig tanzen." Aber ums Tanzen geht es ja noch nicht, erst mal muss gereinigt werden. Die Vorbereitung auf das Höchste, die Vereinigung mit meinen Aspekten als junge Frau, Mutter und Großmutter. Gegenwart, Vergangenheit, Zukunft. Nach meinem Traumbuch hat „Toilette" eine positive Bedeutung und steht „für die Entlastung unverdaulicher Reste seelisch bereits verarbeiteter Probleme." Die Zeit drängt, zu einem bestimmten Zeitpunkt muss alles sauber, rein sein. Der Augenblick des Todes?

Reinigungsinstrumente sind genug vorhanden (Besen), Mutter und Großmutter helfen, was soll da noch schief gehen?

Danke Großmutter, Ahnin, Große Göttin, dass du diesen Abtransport übernimmst. Danke, ewige Heilerin in mir, dass du gewartet hast, bis ich bereit für die Wahrheit bin. Nun ist es wirklich **höchste Zeit**, das zu verstehen.

Es kann ja keiner sagen, ich hätte nicht versucht, „normal" zu sein. Mit drei verschiedenen Ehemännern habe ich es versucht, jeder aus einer anderen Kultur. Mit dem Vater meiner beiden Töchter war ich fünf Jahre verheiratet, zwei davon verbrachte er im Knast anstatt bei seiner Familie. Die zweite Ehe hielt länger, war aber nicht weniger katastrophal. Von dieser Ehe mit einem Inder hatte ich mir erhofft, einen Zugang zur alten indischen Kultur zu bekommen. Am liebsten wäre ich nach Indien umgezogen und hätte nach den alten vedischen Regeln gelebt. Mein indischer Ehemann jedoch bevorzugte die westliche Kultur, am Anfang jedenfalls. Dieses Experiment hat 20 Jahre gedauert. Aller guten Dinge sind drei, dachte ich mir schließlich, als ich meinen dritten Ehemann heiratete, den Afrikaner. Dieser Versuch ist noch nicht abgeschlossen. Über jede dieser Ehen könnte ich einen eigenen Roman schreiben.

Eines habe ich jedoch in diesem Jahr im Angesicht dieser angeblich todbringenden Erkrankung, deren Namen ich ja nicht mehr nennen will, gelernt: die Verantwortung für mein Leben selbst zu übernehmen.

Damit schließt sich der Kreis auch dieses Buches. Hat meine Tochter nicht nach dem ersten Traum von der Reinigung gesagt, ich solle gründlich aufräumen? Das habe ich getan, in vielerlei Hinsicht.

Das Thema Reinigung ist ja zeitlos. Schon Platon unterscheidet im Timaios, Abschnitt 42, drei Arten der Reinigung des Leibes:

„Daher ist auch von allen Arten der Reinigung und rechten Gestaltung des Körpers die Gymnastik die beste; Sie ist die Bewegung aus der inneren Natur des Leibes selbst und damit am meisten der Bewegung der Denkkraft und des Weltalls verwandt. Denn das von sich aus Bewegte ist unsterblich."

Heilung erfolgt von innen, nicht durch äußere Maßnahmen. Deswegen darf man „Krankheiten... abgesehen von Fällen, in denen große Gefahr vorliegt, nicht durch Arzneien aufregen." Das wären die störenden Eingriffe von außen, die „für einen vernünftigen Menschen durchaus unannehmbar sind." (Zitate aus dieDrei, Zeitschrift für Anthroposophie in Wissenschaft, Kunst und sozialem Leben, 1/2005, Seite 25)

Traditionelle Chinesische Medizin (TCM)

In China werden zwar auch Tumore herausoperiert, vor allem größere, aber anstelle von Chemotherapie wird zum Beispiel mongolischer Tragant verordnet, die Gelbe Wicke, (chinesische Bezeichnung: huang qi)

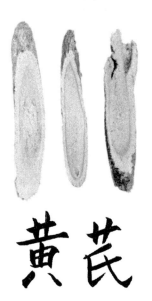

Bei uns wird die Gelbe Wicke als Verdickungsmittel in der Backwarenindustrie und als Gummi verwendet, sowie zum Räuchern. Das Wissen um die Heilkraft ging verloren.

Auf meine Frage, wie meine Krankheit nach der Chinesischen Medizin beurteilt wird, erklärte mir die chinesische Kräuterfrau, es sei eine Chi-Schwäche mit Blutstau. Diese Verbindung der beiden Krankheitszustände sei besonders langwierig zu behandeln, denn Chi und Blut hängen nach Ansicht der alten Chinesen zusammen. Das Blut ist die Mutter, und das Chi der Führer. Das kann ich mir jetzt vorstellen, der Führer ist schwach, wie soll er da die Mutter, das Blut, die flüssige Ich-Form, durch den Körper leiten. Das Chi bedeutet nicht nur Energie, sondern auch noch Luft, Atem, Kraft, Temperament und Atmosphäre.

Das Blut hat in der TCM eine viel differenziertere Bedeutung als bei uns. Wegen des monatlichen Blutverlustes spielt dieser Körpersaft im Leben jeder Frau eine zentrale Rolle. Er beeinflusst Lebensqualität, Gesundheits- und Gemütszustand. Blutqualität und –menge bilden auch die Grundlage der weiblichen Sexualität. Wegen der spirituellen Kräfte des Blutes ist seine Bewahrung und Stärkung das wichtigste Prinzip in der taoistischen Frauenheilkunde. Das Blut ist die Mutter des Chi. Schwaches Blut bedeutet geschwächtes Chi. Blut und die anderen Körpersäfte haben denselben Ursprung und beeinflussen sich gegenseitig.

Und auch der Schleim bedeutet hier noch mehr: Es ist eine verstärkte Form von Feuchtigkeit, entsteht bei Milz- und Nieren- und Lungenschwäche. Schleim kann auch Tumore produzieren, Knötchen und Schwellungen. Schleim kann auch die Meridiane verstopfen und verkleben, was zu Lähmungen und Taubheitsgefühlen führen kann, bis hin zu Bewusstlosigkeit und Erbrechen. Schleim zu behandeln ist eine sehr hartnäckige und langwierige Angelegenheit, hatte meine Kräuterfrau auch gesagt. Besonders in so einem schweren Fall, wie bei mir, der durch lang anhaltende emotionale Probleme entstanden ist.

In meinem Leben waren körperliche und seelische Traumata immer gekoppelt. Das fing schon mit drei Jahren an, als ich vom Pferd getreten wurde. Davon habe ich an der rechten Schläfe noch heute sichtbare Narben. Mein Vater hatte mich beauftragt, das Pferd aus dem Kleefeld zu treiben. Ich sollte einen Stock nehmen und damit auf das Pferd losgehen, hatte er gesagt.

Ich ging also zu dem Pferd und bat es, zuerst in Gedanken, zu gehen. Das tat es aber nicht. Ich glaube, dann nahm ich einen langen Grasstengel und berührte es am Bein. Da schlug es zu. Schreiend lief ich davon und versteckte mich hinter einem großen Stein, vielleicht war ich auch bewusstlos. Nachdem die Schmerzen etwas nachgelassen hatten, lief ich zu meinen Eltern und hoffte auf Trost. Sie jagten mich davon, und beschwerten sich, dass ich zu laut schreien würde. Keinen Trost zu bekommen, war noch schlimmer als der körperliche Schmerz.

Ich konnte also meine Gefühle niemandem mitteilen und behielt sie für mich. Auch als mich der Postbote mit zwölf Jahren auf meinem Schulweg vergewaltigen wollte, musste ich es für mich behalten, sonst hätte er mich bestraft. Mit zehn wurde ich vom Hund der Nachbarin ins Bein gebissen. Aus Angst machte ich von da an immer einen großen Umweg. Wegen dem Postboten und dem bissigen Haushund war ich jeden Tag mehr als eine halbe Stunde durch feuchte Auen, dunkle Wälder und steile Berghänge unterwegs, bis ich endlich erschöpft das mehr als 600 m hoch gelegene Schulhaus erreicht hatte. Als ich 15 war, versuchte mein erster Arbeitgeber, mich zu vergewaltigen. Auch da blieb mir nur die nächtliche Flucht durch die schneeverwehten Berge des Bayerischen Waldes.

Ich glaubte zuerst, dass es an der Gegend liegt, in der ich aufgewachsen bin, dass es dort nur Irre gibt. Deshalb bin ich mit 16 weggegangen. Nun habe ich im Laufe meines Lebens aber noch andere Gegenden gesehen und musste feststellen, dass es überall ungefähr das selbe ist. Das selbe in Grün oder meinetwegen auch in schwarz. Das aller schlimmste war jedoch das Trauma mit meiner Mutter, als sie in die Brust geschlagen wurde. Ich auf den Kopf, sie in die Brust, von dem selben Pferd. Wir hassten alle das Pferd, denn es gehörte meinem Vater. Wir hassten eigentlich nicht das Pferd, sondern den Vater.

Die Verletzungen gingen dann noch weiter, mit 18 hatte ich innerhalb eines Jahres zwei mittelschwere Verkehrsunfälle, mit blutenden Verletzungen am Kopf und einem Beckenbruch. Damals war ich im 3. Monat schwanger.

Blitzartig fällt mir nun, da ich mich mit Schleim in der Chinesischen Medizin beschäftige, ein, dass ich mit 12 beinahe ertrunken wäre. Ich bin von der Luftmatratze gefallen, konnte nicht schwimmen. Der Lehrer hat mich wiederbelebt und mich danach vom

Schwimmunterricht ausgeschlossen. Der Unterricht fand in einem schönen, kühlen Waldsee im Bayerischen Wald statt. Der Fußmarsch dahin dauerte eine Stunde.

Wenn nicht schon vorher, dann hat da die Schleimbildung angefangen. Denn Schleim gehört in der TCM zum Funktionskreis Lunge. Erinnern wir uns an den Anfang meiner Geschichte, als jeden Morgen um vier Uhr ein dicker Schleimbrocken aus meiner Lunge spontan hoch kam. Zu dieser Zeit kreist das Chi, die Lebensenergie, hauptsächlich im Lungenmeridian. Beim Ertrinken ist aber nicht nur die Lunge betroffen, sondern auch die Atmung, das Blut, das Herz. Meine Angst zu ersticken habe ich vielleicht aus dieser Zeit, oder möglicherweise aus einem früheren Leben, und dies war nur eine Erinnerung daran.

Vermutlich habe ich auch meinen deformierten Brustkorb und als Folge davon, Skoliose, Beckenschiefstand, Beinlängendifferenz, Arthrose, Gelenkdeformationen usw. aus dieser Zeit. Nach der Chinesischen Medizin kann dies alles eine Folge von Schleim sein. Bei der Wiederbelebung eines zwölfjährigen, dürren, halb verhungerten Mädchens wie ich es war, hat der Brustkorb sicherlich gelitten. Vielleicht konnte ich deshalb auch keine Mitte ausbilden, weil ich immer Angst hatte. Kam ich von der Schule nach Hause, schrie mich mein Vater an, kam ich von zu Hause in die Schule, schlug mich der Lehrer, damals noch mit dem Stock.

Das zweite wichtigste Heilkraut in meiner Mischung ist dang gui, Engelwurz, auch bei uns bekannt und bei den alten Kräuterkennern auch Brustwurz genannt. Diese beiden wichtigsten Chi und Blut stärkenden Kräuter, dang gui und huang qi sollten zusammen mit den anderen das Chi wieder in Bewegung bringen und den Blutstau auflösen. Das ist natürlich sehr einfach gesprochen, in Wirklichkeit braucht es jahrzehntelange Erfahrung und Wissen, eine solche Mischung zusammenstellen zu können. Im Westen wird deshalb schnell zur Akupunktur gegriffen, während in China 80% der Behandlungen mit Kräutern gemacht werden. Bei uns umgekehrt, 20 % Kräuter, 80 % Akupunktur. Chinesen haben einfach mehr Zeit. Die Chinesische Medizin ist ein komplexes kosmobiologisches System, das auch deshalb so beliebt ist, weil es vollkommen mathematisch aufgebaut ist, wie alles im Universum. Alles basiert auf dem TAO, das Eine, Formlose, dann gibt es die erste Spaltung, Yin/Yang, das kennt inzwischen jeder. Man könnte auch sagen, die Dualität. Weiter geht es mit den fünf Wandlungsphasen, die fünf Elemente, also Holz, Feuer, Erde, Metall, Wasser, die in dieser Reihenfolge den sogenannten Harmonie- oder Entstehungszyklus bilden. Romantisch gesprochen könnte man auch sagen, auf den fünf Elementen basiert der Tanz des Lebens, oder die Elemente tanzen, deshalb leben wir. Wer bringt die Elemente zum Tanzen? Das ist das Chi, die allem, was existiert, innewohnende kosmische Urkraft. Auf deutsch heißt es Gott, aber das hört man hier nicht gerne, in Indien ist es Krishna, die Quelle aller Freude. Und warum sollten die Elemente tanzen, wenn nicht vor Freude?

Abschluss und Ausblick

Weihnachten 2004

Das Jahr geht bald zu Ende. So viel ist passiert, innen und außen. In mir und in der Welt. Nun habe ich ein Jahr mit dem Krebs getanzt, das reicht. Die ruhigen Tage zwischen Weihnachten und Neujahr sind eine gute Gelegenheit diese Geschichte zum Abschluss zu bringen. Das neue Jahr bringt schließlich wieder Neues.

Ich lese einen astrologischen Jahresrückblick („sein" 12/2004) von Ulrich Reuther:
„Seit Anfang 2004 steht Uranus in den Fischen. Dies bedeutet kollektiv gesehen eine Zunahme spontaner spiritueller Erfahrungen, ein primäres Gefühl dafür, ob etwas wahr ist oder nicht, und weniger Bereitschaft, in unangemessenen Zuständen zu verharren, das vertraute Elend zu akzeptieren. (...) Diese Konstellation bleibt bis 2011 bestehen, und die Anhänger der Theorie, dass ein Umdenken von nur zehn Prozent der Menschheit zu einem kollektiven Bewusstseinssprung führen könne, haben in den nächsten Jahren Grund zur Hoffnung.
Wir befinden uns schon mitten im Umbruch. Im Alltag muss in der sicherheitsverwöhnten Gesellschaft vor allem die Angst vor der ungewohnten Blöße der

Ungewissheit kollektiv überwunden werden. (...) Das Bild von Uranus in den Fischen ist der Nebel, der plötzlich aufreißt und uns einen Blick in das Unergründliche gewährt. Wir werden kollektiv gesehen, mit einer Flut von authentischen Offenbarungen zu rechnen haben."

Also sind wir doch nur ein Spielball der Götter? Alles nur ein groß angelegter kosmischer Witz? Die Tsunami-Kathastrophe in Südostasien sehe ich genau in diesem Zusammenhang. In zehn Minuten 300 000 Menschen gestorben. Solchen Naturkatastrophen steht die Menschheit hilflos gegenüber. Das trifft alle gleich, egal ob arm ob reich, schwarz oder weiß oder welche Hautfarbe auch immer. Danach zu schauen, bleibt keine Zeit mehr. Doch wir, die Überlebenden, könnten uns jetzt nach dem Sinn fragen. Wenn wir die Naturgesetze nicht beachten, bekommen wir es früher oder später zu spüren, individuell als Zusammenbruch des Immunsystems, mit den danach folgenden Epidemien, zum Beispiel Krebs, global als Naturkatastrophen. Auch die beste Versicherung kann uns dann nicht mehr retten. Diese retten sich höchstens selber, indem sie zum Beispiel ihre Hochhauskomplexe auf gutem Untergrund und mit teuren Materialien bauen, das Geld dafür liefern die Versicherten.

Ich musste gezwungenermaßen beim Einzug in meine neue Wohnung auch eine Versicherung abschlie-

ßen. Der Vermieter wollte mir nicht glauben, dass ich bis jetzt ohne Versicherung gelebt habe. Er fragte mich „Wie leben Sie denn?" und sah mich von oben bis unten wie eine Außerirdische an. Ich sah ihn ebenso penetrant an und antwortete: „Ich passe immer auf." Fazit meiner Geschichte: Da staunt der Laie und der Fachmann wundert sich. Also, gestorben bin ich nun nicht, wie mir die Ärzte einreden wollten, und womit ich zu Beginn meiner Erkrankung jederzeit rechnen musste. Statt dessen geht es mir so gut wie noch selten in meinem Leben. Ich habe diesem weltweiten Angriff auf die Weiblichkeit zumindest persönlich standgehalten. Und das berichten Betroffene in Foren, Büchern, Internet-groups, Chatrooms usw., hätten sie vorher gewusst, was mit ihnen geschehen kann, sie hätten auf eine Operation mit anschließenden Standardbehandlungen verzichtet. Ja, hätten sie's gewusst. Da nützt es auch nichts, den Arzt oder Apotheker zu fragen, das führt alles in die selbe Sackgasse.
Ich bin wieder im Vollbesitz meiner körperlichen, seelischen und geistigen Kräfte. Das Immunsystem ist wieder stark. Die fürchterliche Grippewelle in diesem Jahr ist an mir spurlos vorübergegangen. Sogar der Bundeskanzler war in diesem Jahr davon betroffen und konnte einige Tage seine Amtsgeschäfte nicht weiter führen. Gemerkt hat es keiner, denn welcher Bürger weiß schon, was der Kanzler macht. Ob wir

nun einen Kanzler haben oder nicht, ob er weiblich ist oder männlich, was spielt das für eine Rolle, im Leben eines Normalbürgers.

Tagebucheintrag 8. März 2005

Ich kam gerade von meinem Einkauf aus dem Bioladen zurück, im Beutel Löwenzahnpesto, Misobrühwürfel, Hirsepoppies, Kürbiskernaufstrich, Sojakaffee, geräucherten Tofu, Möhren, Sellerie, Äpfel, Fenchel und natürlich Rote Beete Saft, als es klingelte. Fleurop brachte mir einen Blumenstrauß. Das war aufregend! Jemand wünschte mir „weiterhin viel Erfolg" mit meinem Buch, wer konnte das sein? Telefonische Nachfragen in Berlin brachten mich nicht weiter, also konnten es nur meine Verwandten aus Australien sein. Schnell per Email nachgefragt, sie waren es. Das tut so gut, diese Unterstützung über Kontinente hinweg. Solche Aufmunterungen brauche ich ohne Zweifel. Denn ein Buch zu schreiben ist eine Sache, ein Buch zu veröffentlichen eine andere.
Mein Freundeskreis hat sich noch mal verkleinert, seit ich bekannt gegeben habe, dass ich ein Buch geschrieben habe, obwohl er auch vorher nicht sehr groß gewesen ist. Leute, die selbst noch nie eine Zeile veröffentlicht haben spielen sich als Kritiker auf, obwohl das Buch noch gar nicht fertig ist. Auf einmal

ist es völlig normal, dass ich mich selbst geheilt habe, dass ich keinen Tag krankgeschrieben war, dass ich nebenbei auch noch ein Buch geschrieben habe.
Einer hat sich gleich halb tot gelacht, ein anderer meinte ganz aufgeregt, wie ich dazu kommen würde, ein Buch zu schreiben, was meine Motivation sei. Sehe ich so dumm aus, oder was ist los?

Ich glaube, jeder hat das Recht zu schreiben, dazu muss ich nicht Helmut Kohl und auch nicht Alice Schwarzer heißen. Mein Nachbar meinte, ich sollte lieber mit ihm spazieren gehen, als ein Buch zu schreiben. Da musste ich ganz bei mir selbst bleiben und mir zum wiederholten Male sagen: Jeder hat seins.
Und was ist deine ultimative Botschaft, was hast du gelernt, wurde ich gefragt. Antwort: Kaffeetrinken ist uncool.
Eine Frau fragte mich direkt, welcher mein Weg gewesen sei, ich sagte ihr ebenso direkt: „Ich ging den Weg der intelligenten Frau".
Spaß beiseite: Ich verstehe selbst noch nicht alles, was mit mir geschehen ist. Vieles ist nur angerissen, angeschubst worden und muss noch weiter von mir beobachtet werden. Anthroposophie interessiert mich, auch Heilen mit Farben, alles was natürlich und einfach ist. Der Sinn der Krankheit liegt in der Zukunft, sagen die Anthroposophen.

Wie verstehe ich nun Krebs nach diesem einen Jahr des Forschens und Erlebens? Ich gehe nicht so weit, wie andere Betroffene, die sagen, es gibt keinen Krebs, ebenso wenig wie es Aids gibt, alles eine Erfindung der Ärzte. Dieser wachsende Zellhaufen ist nun einmal da. Die Frage ist, wie gehe ich damit um. Da gibt es nach meiner Ansicht so viele Möglichkeiten, wie es Menschen gibt. Die individuelle Verantwortung nimmt uns niemand ab. Das Wichtigste, finde ich, ist, die Angst zu überwinden. Wenn die alten Konzepte nicht mehr funktionieren, erfinden wir neue. Wenn wir uns Heilung vorstellen können, kann sie auch geschehen. Es ist immer alles da, nur wir schauen meistens nicht hin. Mit dieser Erkenntnis kann sogar eine Putzfrau ein Buch schreiben.

Was ich noch wichtig finde, ich empfehle jeder Frau, jung oder alt, krank oder gesund das Buch von Susun Weed, „Brustgesundheit...", dort gibt es so viele Tipps, Anregungen, Rezepte, es ist wirklich für jede Frau etwas dabei. Auch junge Frauen sollten es sich angewöhnen, regelmäßig die Brüste zu massieren, den Kontakt aufrechterhalten, so werden Veränderungen schneller wahrgenommen, oder sie entstehen erst gar nicht. Aus dem Buch spricht viel Erfahrung, es werden neue Sichtweisen vermittelt, die in Deutschland noch relativ fremd sind.

Für mich persönlich bleibt noch ein Instrument spielen lernen, sei es Leier, Flöte oder Kora. Der Ton

macht schließlich die Musik. Zwei ungeklärte Phänomene möchte ich noch erwähnen:
1. seit Weihnachten 2003, als ich den Knoten entdeckte, esse ich keine Butter mehr, warum weiß ich nicht.
2. Die Beinbehaarung an den Unterschenkeln ist verschwunden. Dort hatte ich dicke, schwarze, fast krause bis zwei Zentimeter lange Haare, die jetzt weg sind. Die Antworten werden sicherlich irgendwann kommen, wenn ich dafür bereit bin.

Anhang

Literatur

Blumenschein, Dr. W.: Biologische Heilweisen bei Krebs. Ennsthaler, Steyr 1997.

Blüchel, Kurt G.: Heilen verboten, Töten erlaubt. Die organisierte Kriminalität im Gesundheitswesen. Bertelsmann, München 2003.

Chee, Soo: Taoistisches Heilen. Gesundheit und Wohlbefinden durch traditionelle chinesische Heilkunst. Knaur, München 1992.

Condé, Maryse: Segu. Die Mauern aus Lehm. Kiepenheuer & Witsch, Köln 1988.

Dahlke, Ehrenberger: Wege der Reinigung. Entgiften, Entschlacken, Loslassen. Hugendubel, München 1998.

Das, Vaman, (Walther Eidlitz): Die indische Gottesliebe. Goloka Vrindavan 2000.

Ding, Yu-he/Paulus, Ernst: Handbuch der traditionellen chinesischen Heilpflanzen, Hang, Heidelberg 1987.

Doucet, Friedrich: Das große Buch der Traumdeutung. Mit Lexikon der Traumsymbole. Kremayr & Scheriau, Wien 1978.

Eidlitz, Walther: Der Sinn des Lebens. Der indische Weg zur liebenden Hingabe. Vrindavan, India 2001.

Friebel-Röhring, Gisela: Ich habe Krebs! Na und? Hebel, Rastatt 1985.

Goyert/Ollilainen/Simon/Treichler: Der krebskranke Mensch. Eine Hilfe zum Verständnis und Umgang mit der Krankheit. Freies Geistesleben, Stuttgart 1993.

Hackethal, Julius: Keine Angst vor Krebs. Heyne, München 1978.

Hay, L. Louise: Das AIDS-Buch - Umkehr zur Liebe, Rückkehr zum Leben. Ein Buch zur Selbsthilfe. Alf Lüchow, Freiburg 1996.

Heiligtag, Hans-Richard: Krebs besser verstehen. Ein Ratgeber aus der Sicht der anthroposophisch erweiterten Medizin. Freies Geistesleben, Stuttgart 1999.

Houston, Jean: Begeisterung für das Mögliche. Entdecken Sie Ihr inneres Potential.
Econ & List 1999

Kemper/Ohlms: Jede Neunte... Frauen berichten von ihren Erfahrungen mit Brustkrebs.
Orlanda, Berlin 2003.

Kingston, Karen: FENG SHUI gegen das Gerümpel des Alltags. Rowohlt, Hamburg 2000.

Köhnlechner, Manfred: Gesund mit Köhnlechner. Topas, München 1978.

Maciocia, Giovanni: Die Grundlagen der Chinesischen Medizin. Verlag für Traditionelle Chinesische Medizin, Kötzting/Bayerischer Wald

Meyer, Eric: Das große Handbuch der Homöopathie. Ein Ratgeber für die ganze Familie.
Ariston, Genf 1989.

Ohlig, Adelheid: Luna-Yoga, Der sanfte Weg zu Fruchtbarkeit und Lebenskraft, Tanz- und Tiefenübungen. Goldmann, München 1991.

Yoga mit den Mondphasen, Luna Yoga, Ein Praxisbuch. Walter, Zürich/Düsseldorf 1999.

Paungger/Poppe: Aus eigener Kraft. Gesundsein und Gesundwerden in Harmonie mit Natur- und Mondrhythmen. Goldmann, München 1993.

Rickli, Heinz: Himmel und Erde in deiner Hand. Ein praktischer Leitfaden für die Spiritualität des Alltags. Govinda-Verlang, Neuhausen 1999.

Risi, Armin: Der multidimensionale Kosmos Band 3, Machtwechsel auf der Erde. Die Pläne der Mächtigen, globale Entscheidungen und die Wendezeit. Govinda-Verlag, Neuhausen 1999.

Das Kosmische Erbe. Einweihung in die Geheimnisse unserer Her- und Zukunft. Govinda-Verlag Neuhausen 2001.

Saks, Claude: Reise ins Licht. Spirituelle Abenteuer auf den Pfaden der Meister.
Econ & List, München 1999.

Sanders, Eva-Maria: Leben! Ich hatte Krebs und wurde gesund. Heyne, München 1997.

Treben, Maria: Gesundheit aus der Apotheke Gottes. Ratschläge und Erfahrungen mit Heilkräutern. Ennsthaler, Steyr 1980.

Vanzant, Iyanla: Und meine Seele öffnete sich. Das Programm zur Überwindung seelischer Krisen. Econ Ullstein List, München 2001.

Wallach, Joe D.: Dead Doctors Don´t Lie. 1993

Wecker, Relia: Krebs. Erfahrungen einer spirituellen Suche. Lüchow, Stuttgart 2004.

Wex, Jovana: Seele und Sexualität. Ein tantrisches Heilungsbuch für Singles und Paare. Hans-Nietsch-Verlag, Freiburg 2000.

Zeitschriften

die Drei, Zeitschrift für Anthroposophie in Wissenschaft, Kunst und sozialem Leben; Redaktion: Alt-Niederursel 45, 60439 Frankfurt/Main, www.dieDrei.org

Natur & Heilen, Die Monatszeitschrift für gesundes Leben. Nikolaistr. 5, 80802 München, www.natur-und-heilen.de

Die chinesischen Kräuterfrau

Zentrum für
Kultur, Wirtschaft und chinesische Medizin
Leiterin Frau Rong
Badstr. 57
13357 Berlin

Frau Rong gibt Kurse über chinesische Kräuter und Akupunktur.

Die Autorin im Internet

http://www.berta-thacker.de

Danksagung

Ich danke meinem ersten kritischen Leser, Carsten Eckelmann, der von Anfang an an mich geglaubt hat, meiner Tochter Tina für Infos, Tipps, Kritik und Anteilnahme, meinem Mann Adama für die afrikanischen Geschichten und Liebe in verschiedenen Facetten, meinem Enkelsohn Aurin Yang dafür, dass er mir den kürzesten Weg nach Panama gezeigt hat, meinem Grafiker und Webdesigner Nicolas Gruszka für spontane Hilfe und professionelle Gestaltung, meinem Chef für Geduld und Toleranz, Frau Rong für Geistesgegenwart und ihr schönes Lachen.
Dank auch an meinen Verleger Chris Kurbjuhn für die schnelle und sichere Veröffentlichung.

Ich danke auch allen Schulmedizinern, mit denen ich in Berührung gekommen bin. Sie haben mir durch ihr hartnäckiges Festhalten am Alten und nicht mehr Brauchbaren erst die Möglichkeit zur Verwandlung gegeben. Nur so konnte ich meine individuellen Kräfte entwickeln.